金利解除でどう変わる

清水功哉

日経プレミアシリーズ

まえがき

17年ぶりの金利引き上げが決まったらしいが、なんだかよくわからない――。日銀が2024年3月19日にマイナス金利政策の解除をはじめとする政策の枠組み見直しを決めたという発表に接して、そう感じた読者は多いかもしれません。

少しも恥ずかしいことではありません。日銀の仕事である金融政策の内容は、過去四半世紀、極めて複雑化してきたからです。手掛ける仕事の範囲も広がりました。2013年にいわゆる異次元の金融緩和政策がスタートしてから、その傾向は一段と強まり、理解が難しくなりました。

筆者が金融政策の取材にかかわり始めた1989年当時とは大違いです。細かい動きをいちいちフォローし、深く理解することは、忙しいビジネスパーソン、生活者、学生らには必ずしも必要ないとすらいえるほどです。

ただし、金融政策には定期的に「節目」と呼ぶべき大きな変化を見せる局面が訪れます。その際には政策の変化の内容や意味を頭に入れておく必要があります。

8年前に『緊急解説　マイナス金利』、2023年に『植田日銀　こう動く・こう変わる』を、本書と同じ日経プレミアシリーズから出したのも、そうした問題意識によるものでした。

今回決まった政策の見直しも「節目」です。本書はそれを、図表なども活用しながら、できるだけポイントを絞って、わかりやすく解説したものです。

筆者は35年前にジャーナリストとして金融政策の取材に関与し始め、その変化を見続けてきました。同時に、約15年前にファイナンシャルプランナー（CFP）や証券アナリスト（日本証券アナリスト協会認定アナリスト＝CMA）の資格を取得。金融政策の変化が家計や個人の資産運用にとって持つ意味についても記事を書いてきました。

本書も、ジャーナリスト、ファイナンシャルプランナー、証券アナリストの3つの視点を踏まえて書いています。

構成は以下の通りです。関心を持ったテーマの章があれば、順番にこだわらずに先に読んでください。

序章では、マイナス金利解除など政策見直しの決定がなぜ3月に下されたかを解説しました。市場関係者には4月説も根強くあったなか、なぜ3月だったのかという話です。

第1章では、今回の政策見直しの内容を解説するとともに、過去25年間の金融政策の変遷を振り返りました。

第2章では、日銀が今後、追加的な利上げを決める際にどんな点に着目するのか、追加利上げはいつなのか、その後、どの程度金利を引き上げるかのシナリオを考えました。

第3章では、以上のシナリオを踏まえ、多くの読者の関心事項と考えられる住宅ローンへの対応を中心に、家計が取るべき対応について書いています。

第4章では、日銀が上場投資信託（ETF）買い入れによる株価の下支えから手を引き、逆に株の売りに専念することの意味を考えました。

第5章は、日銀が政策の見直しを決めた背景となったデフレからインフレへの転換はなぜ起きたのか、それは何を意味しているのか、私たちはどんな発想転換が必要なのかといった点を考えています。

本書が、マイナス金利解除をはじめとする金融政策の枠組み見直しに関心を持つビジネスパーソンや一般の生活者、学生らの皆様の参考になれば幸いです。

2024年4月

清水　功哉

目次

第1章

何が変わったのか、どう変わってきたのか

金融政策も指針もかなりスッキリした／従来の金融緩和には3つの要素／金利曲線の起点が翌日物金利／人々のインフレ心理刺激へ量的緩和／「ゼロ金利政策」とは呼ばない理由／長期金利への関与を完全にはやめず／長期金利を無理に抑え込むと様々な副作用が／財政政策などの規律低下も／資金供給の「拡大方針」を撤廃／月間6兆円購入なら残高は増えなくなる／長期金利安定ならいずれ保有残高縮小へ／日銀の国債保有比率は50％を超える高水準／ETF購入による株価下支えは終了／撤廃された「2％ルール」／保有ETFの売却はせず／デフレ開始の98年以降、金融政策は複雑化／まずは短期金利の引き下げから始まった／99年にゼロ金利政策へと進んだ／ゼロ金利解除への批判受け量的緩和へ／時間軸政策も強化／世界的金融危機を受け再び金融緩和へ／異次元金融緩和の開始へ／当初、量的緩和が「主役」、質的緩和は「脇役」だったが／株価や為替は動くも、物価上昇圧力は強まらず／量的緩和の再拡大難しく、マイナス金利政策へ／長期金利がいったんマイナス0・3％に／マイナス金利「深掘り」難しく、ETF購入の存在感拡大／コロナ危機時、ETF購入をさらに積極化／金融政策の限界を示した四半世紀

第3章

住宅ローンではどう対応すべきか

住宅ローン金利には固定と変動が／既に借りている人の返済負担はすぐに増えない／マイナス金利解除は変動金利上昇を招きにくい内容に／マイナス金利解除直後、短プラ上げは広がらず／短プラ連動ではない銀行も／追加利上げ局面では適用金利上昇の可能性／年内の利上げによる返済への影響が出るのは翌年か／7月利上げなら25年1月の返済から影響も／10月利上げなら25年7月の返済から影響も／金利は変動と固定のどちらがいいのか／返済負担が少ない分は貯蓄や投資に／「長期」と「分散」のメリット／上下動を繰り返しつつトレンドは右肩上がり／株と債券は景気に対して逆方向の動き／「分散」による投資収益安定の意義／「長期・分散」の効果示す金融庁シミュレーション／毎月一定の額をコツコツ投資／相場下落時に安値で多く買える／相場は下がったのに含み益が／一括投資の方がトクだという意見も／新ＮＩＳＡの活用を／「成長投資枠」でも安定性重視の投資可能／「貯蓄」するなら個人向け国債という選択肢／金利急上昇なら投資・貯蓄分で一部繰り上げ返済

第4章

株の「売り」に専念し始めた日銀

153

日銀が持つ2種類の株式／23年度に株の売り手になった日銀／日銀が売り手に転じても株価は大幅上昇／日本企業の自社株買いと外国人投資家の買い／背景に東京証券取引所の資本効率改善要請／投資家から集めたお金を効率的に使用／外国人の売りの受け皿になっていた日銀ETF購入／個人は売り越していたが／新NISAで個人の日本株買いも／日本企業と日本経済の実力が分離／企業は海外でも稼いでいる／史上最高値更新でもバブルと言えない日本の株価／もはや日銀の買い支えは不要に／保有ETFをどうするかの問題は残る／ETFの分配金収入は貴重な財源か／赤字になりかねない日銀／政策がしっかりしていれば問題はないとの見方／株の「買い支え」終わっても「持ち支え」続く？／日銀はむしろ巨額の利益を得た／株価低迷時に買い利益／2重のリスク分散で安定した運用成果／スタート当初は「1％ルール」で／新NISA利用の個人にもヒントに／ETFは「どうにかしなければいけませんね」と黒田総裁

第5章

なぜインフレになったのか、どう発想を改めるべきか

市場環境は好転も所得環境の改善は不十分／物価情勢を変えたコロナ危機とウクライナ戦争／コロナ危機はデフレでなくインフレを招いた／物価高への「決定打」になったウクライナ戦争／米利上げが円安を招き輸入物価上昇に拍車／物価に上げ圧力をかけてきた働き手の不足／働き手不足の穴を埋めてきた女性や高齢者にも限界／円の対外的な価値も上がりにくく／日本の国際収支の中身に大きな変化／かつては投資でも貿易でも外貨を稼いだ／投資では稼げるが貿易では稼げない国に／急拡大するデジタル赤字、貿易赤字と大差なく／企業や個人の対外投資が活発化／「逃避先通貨」でなくなった円／円を取り巻く状況がインフレ的に／物価高圧力生む冷戦への回帰／円の現預金にこだわり過ぎることのリスク／テールリスク顕在化の時代に／企業だけでなく家計もジャストインケースに／インフレの時代も「節約」を／自分への投資も立派な「資産運用」／「現金バブル」の崩壊

序章

日銀はなぜ4月ではなく3月に動いたのか

2024年3月19日、日銀がついにマイナス金利政策の解除をはじめとする金融政策の枠組みの大幅な修正を決めました。2%物価目標の持続的・安定的な実現が見通せたと判断し、いわゆる異次元金融緩和政策を終えたのです。

政策修正の内容は第1章で詳しく解説しますが、そもそもなぜ3月に動いたのでしょうか。

今春に日銀がマイナス金利解除などを決めそうなことは、おおむね市場参加者のコンセンサス（合意）になっていました。予想が割れたのは、3月か4月かという点です。

3月会合が近づいても市場では4月予想の方が多かった

実は、3月18～19日の金融政策決定会合が近づいても、どちらかというと4月（会合開催は25～26日）予想の方が多かったのです。例えば、次のような見出しが日経電子版に載ったのは、3月12日でした。「日銀3月会合『金融政策修正あり』予想3割　専門家調査」。以下のように記されていました。

「日銀は18～19日に金融政策決定会合を開く。金融政策を分析する『日銀ウオッチャー』28人を対象に日経QUICKニュース社（NQN）が4～6日に実施したアンケート調査によると、今回の会合で『日銀が政策を修正する』と予想しているのは全体の3割弱だった。過半数は現状維持の予想で、関心が高まっているマイナス金利解除の時期は4月との予想が最多だった」

3月決定に傾いていた日銀内の空気

もちろん、この時点で、筆者も100％の確信があったわけではありませんが、日銀内の空気を踏まえると、流れは3月に傾いていると感じました。7対3くらいで3月の可能性の方が4月より高いように思えました。

そこで3月予想が少数派である理由をエコノミストらに聞いてみると、どうやら3月が企業の決算期末を控えたタイミングである点が関係しているらしいことがわかりました。

日銀がマイナス金利を解除すると、金利は上昇（債券価格は下落）し、その限りでは円相場も上がりやすくなります。銀行が持つ債券に損失が生じて、決算内容が悪化する恐れがあるほか、企業も為替相場見通しをギリギリで修正せざるを得なくなるかもしれません。日銀は動きにくいという読みでした。

過去にも3月に重要な決定を下してきた日銀

日銀も期末という要素を一定程度気にしていたのは事実です。しかし、30年以上前から、日銀の金融政策を取材してきた筆者にとって、その点をあまりに重視する姿勢には違和感がありました。なぜなら、過去、日銀は3月に何度も重要な動きをしてきたからです。

そのなかには、引き締め方向の決定もありました。２００６年3月の量的金融緩和解除や21年3月のＥＴＦ購入抑制を柱とした政策修正です。

そこで、筆者は13日に、自らのXアカウント（@IsayaShimizu）で、図表1を掲載したうえで次のポストをしました。注意を喚起したのです。

「決算期末ではありますが、意外と『3月』に動くのが日銀。金融政策の変化を知る上で節目の決定も（★印）。短期金利の低め誘導（懐かしい！　企画課長は稲葉延雄現ＮＨＫ会長でした）、量的緩和の導入や解除、ＥＴＦ購入大幅抑制がそれ。ちなみにこのうち2つは何と3月19日決定。さて今年の3月19日は？」

そもそも、日銀の対外的な情報発信も、3月会合に至る過程で前のめりでした（図表2）。

例えば、3月のひとつ前の1月の金融政策決定会合（22～23日開催）の「主な意見」で

図表1　意外と「3月」に動く日銀

過去30年間を振り返ると

時期	政策決定内容
1995年3月31日	短期市場金利の低め誘導（★）
2001年3月19日	量的金融緩和の初導入 （日銀当座預金残高を操作目標に　★）
03年3月25日	現行日銀法下初の臨時金融政策決定会合
06年3月 9日	量的緩和の解除（★）
10年3月17日	やや長めの金利低下を促す措置拡充
11年3月14日	東日本大震災対応の追加緩和
20年3月16日	コロナ危機対応の追加緩和
21年3月19日	ETF買い入れ大幅抑制の政策修正（★）

（出所）筆者のXのアカウント

す。「主な意見」とは、会合で出た意見を事後的に発言者の名前を伏せて開示する資料。1月会合分は同月31日に発表され、政策修正に積極的な意見が数多く出ていました。

まず、物価情勢について「不確実性はあるものの、『物価安定の目標』の実現が見通せる状況になってきた」といった声が記されました。

金融政策運営についても、次のような意見が紹介されました。

▼「マイナス金利解除を含めた政策修正の要件は満たされつつあると考えられる」

▼「物価安定目標の達成が現実味を帯

図表2　2024年に入り日銀のシグナルが増えた

マイナス金利解除への地ならしの経緯

1月23日	植田和男総裁が記者会見で「消費者物価の基調的な上昇率は（25年度までの）見通し期間終盤にかけて、2%の物価安定の目標に向けて徐々に高まっていくと見ている。先行きの不確実性はなお高いもののこうした見通しが実現する確度は、引き続き、少しずつ高まっていると考えている」などと発言
1月31日	1月決定会合の「主な意見」に「マイナス金利解除を含めた政策修正の要件は満たされつつある」などの解除に関する前向きな発言が多数記載
2月 8日	内田眞一副総裁が講演で「どんどん利上げしていくようなパスは考えにくい」などと語り、マイナス金利解除後の政策について具体的に説明
2月29日	高田創審議委員が講演で「現在の日本経済について、不確実性はあるものの、2%の『物価安定の目標』実現がようやく見通せる状況になってきたと捉えている」と発言
3月 7日	中川順子審議委員が講演で「わが国の経済・物価情勢は、2%の『物価安定目標』の実現に向けて着実に歩を進めている」と発言

（出所）日本銀行公表資料を基に筆者作成

びてもきているため、出口についての議論を本格化させていくことが必要である」

▼「従来のきわめて強い金融緩和からの調整を検討していく重要な局面である」

▼「上場投資信託（ETF）と不動産投資信託（REIT）の買い入れについては、大規模緩和の一環として実施してきたものであり、2%目標の持続的・安定的な実現が見通せるようになれば、買い入れをやめ

るのが自然である」

▼「金融正常化の第一歩であるマイナス金利の解除に、適切なタイミングで踏み切る必要がある」

いずれも近い時期の政策修正を示唆する内容でした（なお1月会合でこうした声が出ていたということは、年初の能登半島地震がなければ1月にマイナス金利解除が決まっていたのではないかとの見方もありますが、もともと地震がなくても1月に決める可能性は低かったと複数の日銀関係者から聞きました。春季労使交渉に関する情報が十分には得られていなかったようです）。

踏み込んだ内田副総裁の講演

2月8日の内田眞一副総裁の講演もかなり踏み込んだ中身でした。

特に驚いたのは、マイナス金利政策を解除した後の政策の枠組みに関連して、次のように語ったことでした。

「まず、マイナス金利については、解除するとしてどのように短期の政策金利を設定するかという論点があります。マイナス金利の導入前には、日本銀行の当座預金取引先の超過準備に0・1%の金利を付利し、取引先でない金融機関との裁定取引が行われる結果、短期金融市場では、無担保コールレートが0〜0・1%の範囲で推移していました。仮にこの状態に戻すとすれば、現在の無担保コールレートはマイナス0・1〜0%ですので、0・1%の利上げということになります」

植田総裁が最終的に決断

「仮にこの状態に戻すとすれば」と語り、「仮に」という言葉を入れているものの、マイナス金利を解除した後、短期の政策金利をどう操作するかに言及しました。実際、その通りになりましたので、この段階で「予告」していたのです。

その後、高田創審議委員が2月29日の講演で「不確実性はあるものの、2%の『物価安定の目標』実現がようやく見通せる状況になってきたと捉えています」と語るなど、政策修正を示唆する情報発信が続きました。

3月に入ってからは3月に動く方向に傾いていった――。後になって話を聞いたある日銀関係者の言葉です。日銀は、本支店で企業に対する聞き取り調査も実施して、春季労使交渉で高い賃上げが実現しそうだという感触を得ました。

もちろん、日銀は春季労使交渉以外の要素にも注意を払っていました。植田和男総裁はこう振り返ります。

「例えばサービス価格はその前の（年の）賃金上昇の影響を受けてある程度しっかりと上昇してきていました。総需要にやや弱い動きが見られていたわけですが、設備投資などの先行指標から判断すると、持ち直しの可能性が高いというふうに判断してきていました。それから消費の弱さもあったわけですが、もしも春闘で強い賃金が確認されればそれが賃金上昇にだんだんなってくる。一方で物価の総合のインフレ率は低下の基調が確認されてきていましたので、これが続けば消費にとってもプラスになるというようなことから、たまたま他のところはまあまあの動きになってきたうえで、これでさらに賃金のところが強い動きが出てくれば政策変更のひとつの大きな背景になり得るということで、春闘に注目が集まったという面はあるかと思います」（4月23日の国会答弁）

そして、3月7日には植田総裁が国会で、「現在進行している春季労使交渉の動向に注目している」と語りました。学者らしくデータを最後まで見極めようとしていた植田総裁が、春季労使交渉の第1回の回答集計を最終的に確認して政策の見直しを決断する――。そんな流れになっていたようです。

「政策修正をしないと望ましくない展開にも」

実際、連合が3月15日に公表した春季労使交渉での回答の第1回集計は、サプライズと表現できる強いものでした。「こういう数字が出たのに政策修正をしないのでは、望ましくない展開になりかねない」。日銀はそんな懸念すら持ったと、事後的な取材で聞きました。

高い賃上げがついに実現しそうなのに動かなければ、賃金の動向を重視するとしてきた日銀のこれまでの説明や理屈が崩れてしまいます。先行きの追加的な利上げの際の市場参加者との意思疎通も難しくなりかねなかったと考えられます。

連合が集計した数値を振り返ってみましょう（図表3）。全体の賃上げ率は平均5・28％となり、前年の同時点の集計比1・48ポイント上昇でした。5％を超えるのは33年ぶりです。

エコノミストも驚いたことでしょう。民間エコノミストの予想を毎月集計するＥＳＰフォーキャスト調査の2月公表分で、賃上げ率の予測は平均3・88％だったからです。

第1回集計は基本的に大企業対象ですが、それでも一部に中小企業の分も含みます。その中小企業の賃上げ率も4・42％と高い水準でした。

図表3　「ベア3%台」は日銀にとって重み

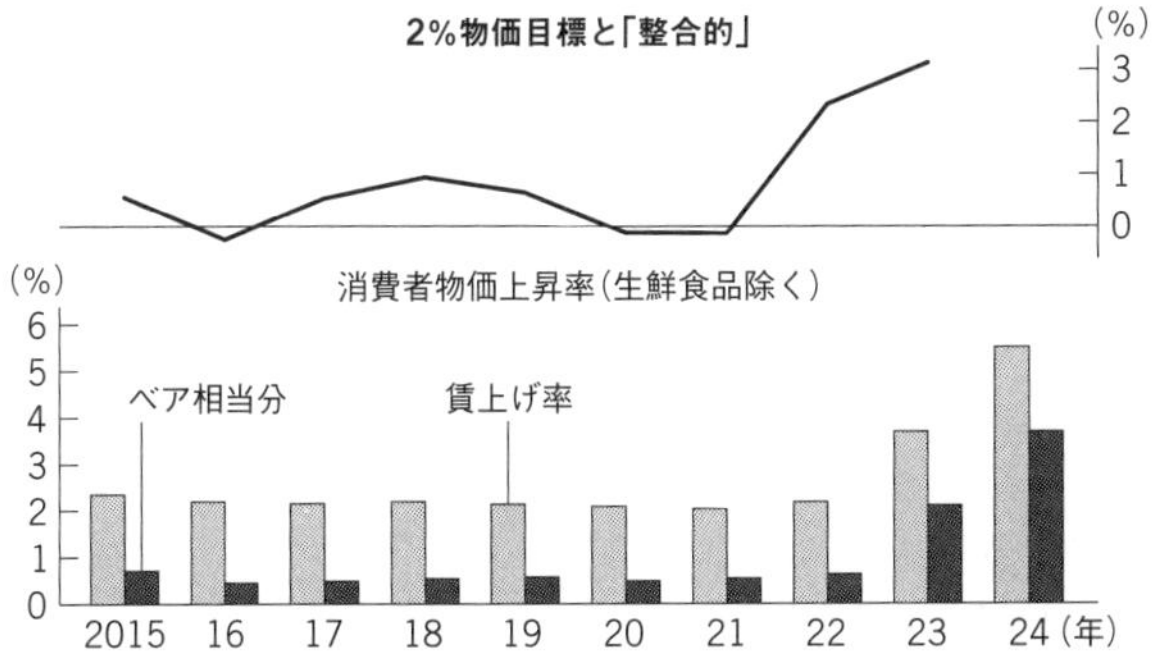

（出所）連合（春季労使交渉でのベア相当額が明確な事例対象）、2024年は24年3月15日公表分

日銀にとって重要だった「3%台のベア」

ただし、日銀にとってもっと重みを持ったのは、賃上げ率のうちベースアップ（ベア）相当分の伸びが3%台になった点でした。

ベアの数字を具体的に見ると、全体で3・70%、中小企業でも2・98%に達しました（ベアと定期昇給を明確に区別できる組合を対象にした調査結果）。つまり、中小企業でもほぼ「3%」に達したのです。これは金融政策にとって重い数字でした。ベアの3%というのは、日銀が目指す2%の物価上昇率と整合的な数字だったからです。

その理由を理解するためには、まず賃金の仕組みを知る必要があります。一般に賃上げ率というのは、社員の勤続年数などに応じて上がる定期昇給（定昇）の部分と毎年の定期昇給の分を超えて基本給自体を底上げするベアから構成されます。

定昇も賃上げではありますが、企業がもうけのうち従業員に分配する分を増やすという意味での本質的な賃上げとは言いにくいでしょう。勤続年数に応じた給与増だけを毎年同じ程度実施するだけなら、例えば入社10年目の社員は毎年4月になると顔ぶれは変わるものの賃金は同じになります。入社何年目の社員であっても同じことがいえますので、企業が負担する人件費に全体として大きな変化は起きません。これでは、消費を刺激するなどの経済全体へのプラス効果はあまり期待しにくいのです。

これに対して、ベアは基本給を全体として底上げする措置です。先ほどの例でいうと、入社10年目の社員について、毎年顔ぶれが変わるだけでなく、賃金も上がります。企業の総人件費も増えますから、本質的な賃上げといえます。消費を刺激し、物価にも上げ圧力をかけるという点で重みを持ちます。だからこそ、日銀が重視するのもベアなのです。

さて、そのベアの水準として3％がなぜ重要なのかを説明していきましょう。ここで2022年5月の講演で黒田東彦前日銀総裁が語っていた内容を紹介します。

「やや長い目でみると、日本の時間当たり労働生産性は、平均して年率1％程度のペースで上昇しています。また、日本銀行が目指している消費者物価の上昇率は２％です。したがって、生産性と物価の上昇率と整合的で、持続可能な名目賃金の上昇率は３％程度ということになります」

ここで「持続可能な名目賃金の上昇率は３％程度」と語った部分が、ベアの３％にほぼ相当します。そしてそれは、労働生産性の伸び率と物価の上昇率を足したものだと黒田氏は説明しています。この考え方は、今の日銀にも受け継がれています。

生産性と物価の上昇率を合わせた数値がベア

生産性の上昇率とは、技能を上げるなど何らかの努力により、同じ働きで生み出せる価値が増える度合いのこととざっくり理解してください。その長い目で見たトレンドは１％というのです。労働者がつくった製品の性能や品質が１％分高まるわけですから、その分賃金も上がらないとおかしいことになります。一方、２％の物価上昇率が持続的・安定的に実現しているなら、製品の販売価格も同じ程度上がり、それが賃上げにつながっても不思議ではありません。とすれば１％の生産性上昇率に２％の物価上昇率を上乗せした３％のベアが自然という理屈です。

ちなみに、この生産性上昇率を反映した部分は、いわゆる実質賃金の上昇率（物価が上がった分を差し引いても残る実質的な賃上げ率）とおおむね等しいと理解できます。生産性が上がった1％分が実質賃金の上昇率としてしっかり実現しないと、2％の物価上昇率に世の中の理解は得にくいでしょう。裏返していえば、2％の物価上昇率を持続的・安定的に実現するためには、それに生産性上昇率1％を足した3％のベアが必要になるという話です。

そしてこのベアに定昇分を上乗せした数値が、全体の賃上げ率になるのです。

賃上げ率とは「生産性上昇率＋物価上昇率＋定昇」

こう考えると、賃金は3つの部分に分けられると考えた方がよさそうです。生産性上昇率を反映する部分、物価上昇率に相当する部分、そして定期昇給の分です。

いずれにせよ、2％物価目標と整合的な高い賃上げの回答が出た結果、日銀が3月に動くことは確定的になりました。

もっとも、3月に動く方向での準備が進んだ背景には、他の要素もありました。政治情勢や為替相場です。

まず、政治についてですが、4月には政治情勢によって金融政策を修正しにくくなるかもしれないとの懸念が日銀にありました。4月25～26日の金融政策決定会合の実に2日後に、衆議院の補欠選挙が3つの地域で予定されていたのです。

島根1区（細田博之前衆院議長の死去に伴うもの）、長崎3区（政治資金規正法違反の罪で略式起訴された谷川弥一前議員の辞職に伴うもの）、東京15区（東京都江東区長選を巡る公職選挙法違反の罪で起訴された柿沢未途前議員の辞職に伴うもの）です。

政治家の裏金問題などを背景に岸田文雄内閣の支持率が低迷するなか、この補選で3つとも負けるようなことがあれば、岸田政権にとっては一大事。自民党内から「岸田おろし」の動きも広がりかねません。そうした重要な政治イベントの直前に、17年ぶりの利上げとなる金融政策の大きな変更は決めにくいといえます。

金融政策は政治に左右されない「自主性」が原則ですが、重要な選挙の直前に動けば様々な政治的な解釈をされて中立性を損ないかねない面もあります。

マイナス金利解除には、政治的に正反対の2通りの受け止め方があり得ました。まず経済・市場の混乱要因となり、政権を担う与党に不利に働くとの見方。もうひとつは、脱デフレの成果を印象づける点で与党に有利になるとの解釈です。どちらになるかは状況次第ですが、いずれにせよ政治的な説明をされやすいでしょう。

「いちかばちかの衆院解散・総選挙も」との見方

しかも、この選挙は補選だけにとどまらないかもしれなかったのです。補選不利の見方が広がるなか、岸田首相が「まさかの解散・総選挙」に踏み切る可能性も指摘されたからです。

実際、3月4日の参院予算委員会で、立憲民主党の辻元清美氏もこんな質問をしました。「補選に負けたら総裁選での首相の再選が危うくなりますので、いちかばちかの裏金解散を考えているのではないですか」。首相は「全く考えていません」と答えましたが、「政界の一寸先は闇」といわれます。

可能性は低いものの、4月28日に衆院の総選挙が実施されるシナリオも完全に無視はできませんでした。そうなれば、日銀はますます動きにくくなってしまいます。実際、1998年の現行日銀法施行以降、衆院選や参院選について直前どころか選挙前1カ月以内に政策変更が決まった例もほとんどありません（図表4）。

3月に動いてしまった方が得策との考えの裏には、為替相場の動向もありました。もともと市場参加者の間では、米連邦準備理事会（FRB）の利下げがいつ始まるかをめぐって様々な観測が流れていました。仮にFRBが早めに動くとの見方が広がった場合、米

図表４　国政選挙直前には動かない日銀

（政策変更・修正決定と選挙の時期）

年	主な政策変更・修正決定（月/日）	衆院選	参院選
1998	9/9		7/12
1999	2/12		
2000	8/11	6/25	
2001	2/9、2/28、3/19、8/14、9/18、12/19		7/29
2002	2/28、10/30		
2003	3/25、4/30、5/20、10/10	11/9	
2004	1/20		7/11
2005		9/11	
2006	3/9、7/14		
2007	2/21		7/29
2008	10/31、12/19		
2009	12/1	8/30	
2010	3/17、8/30、10/5		7/11
2011	3/14、8/4、10/27		
2012	2/14、4/27、9/19、10/30、12/20	12/16	
2013	1/22、4/4		7/21
2014	10/31	12/14	
2015	12/18		
2016	1/29、7/29、9/21		7/10
2017		10/22	
2018	7/31		
2019			7/21
2020	3/16、4/27、5/22		
2021	3/19	10/31	
2022	12/20		7/10
2023	7/28、10/31		

（注）現行日銀法施行以降、2023年まで
（出所）日本銀行公表資料などを基に筆者作成

金利低下でドルが売られやすくなります。円高で日本の株価が不安定になるリスクもゼロではありません。そうした恐れが強まる前に動くのが賢明というのは、ひとつの考え方でした。

ただし、実際に起きた現象は逆で、米利下げが遅れるとの見方から円売り圧力が強まりました。年初に1ドル＝141円程度だった円相場は、1月末に147円程度に下落。さらに2月末には150円程度まで下がりました。過度の円安は、輸入物価の上昇を通じて人々の生活を苦しくします。これはこれで、早めに利上げに動いた方がいいという判断に結びつきます。金利面で多少なりとも円の魅力を高めた方が、円買い圧力がかかり得るからです（実際には利上げ決定後に円安が進みましたが）。

以上のような流れのなかで日銀は3月に政策の枠組みを見直したのですが、これに対して、4月決定を予想していた市場参加者は、4月に決める方がその根拠をより丁寧に説明しやすいはずだと指摘していました。

日銀がマイナス金利解除の根拠を示す材料として重視していたのが春季労使交渉の結果でしたが、3月会合時点で判明しているのは、集中回答日の状況や連合による第1回の集計結果にとどまります。基本的には大企業の賃上げ動向が中心です。これに対して、4月会合まで待てば、中小企業の賃上げ動向が判明する度合いが一定程度増しますので、利上げの根拠をもっと示しやすいというわけです。

また、4月会合では、3月会合と異なり経済・物価情勢の展望（展望リポート）の作成・公表があります。経済成長率や物価上昇率の見通しを示し、先行きの経済・物価情勢に関する判断を詳しく説明する重要資料です。しかも、4月会合でつくる展望リポートには、新たに2026年度の見通しも盛り込みます。いずれにせよ、政策を見直すときに理由づけになり得るものです（日銀の金融政策決定会合は普通1、3、4、6、7、9、10、12の各月に開きますが、展望リポートを作成・公表するのは1、4、7、10の各月の会合です）。

しかし、日銀はこれらを決定的というほど重要なものとは見ていませんでした。

まず、春季労使交渉についてですが、3月会合時点で判明しているのは集中回答日の状況や連合による第1回の集計結果であり、基本的に大企業の賃上げ動向が中心なのは事実です。ただし、植田総裁は1月の記者会見で、中小企業の賃上げが、金融政策を判断するうえでどれくらいのウエイトを占めているのかという点を問われてこう答えていました。

すべての中小企業で高めの賃上げが実現する必要はない

「もちろん大きなウエイトを中小企業が占めますので大事な確認のポイントですけれども、

すべての中小企業の賃金がみんなそこそこ上がらないと金融政策の判断ができないかというと、それはそうではなくて、大きなウエイトを持つ中小企業ですが、それが経済全体の平均の賃金の動きにどれくらい影響を与えるかというところを中心にみていくということになるかと思います」

中小企業は企業数としては多いですが、「経済全体の平均の賃金の動きにどれくらい影響を与えるか」という観点からはそれほど存在感が大きくないかもしれません。金融政策決定で重視するのはあくまで経済全体の平均的な賃上げ状況であり、それは大企業を中心とする賃金の動きを見れば、それなりに判断できると日銀が考えていたとしても不思議ではありません。さらに、前述した通り、日銀は全国の支店も活用して独自に中小企業への聞き取り調査を実施し、賃上げの状況を把握しようとしていました。

政策修正に展望リポート公表は不可欠ではなかった

4月会合では、3月会合と異なり展望リポートの作成・公表がある点はどうでしょうか。実は展望リポートによる新たな経済・物価見通し数値の公表は不可欠ではないという声が、早い段階から日銀内で聞かれていました。

というのも、既に前回１月の展望リポートでの見通しで、２％物価目標実現の絵はほぼ示していたからです。具体的に消費者物価上昇率（生鮮食品を除く）の見通しを見ると、2023年度（２・８％）、24年度（２・４％）、25年度（１・８％）という流れです。つまり、見通しを更新する必要はありませんでした。

日銀がなおも確認する必要があったのは、こうしたシナリオが実現する「確度が高まった」のかどうかでした。展望リポートを公表しなくても説明できたのです。

ちなみに、24年1月の記者会見で、筆者が「マイナス金利解除のような重要な政策は展望リポートの公表に合わせてやるという見方が市場で根強いですが、そのあたりの判断をお聞きしたい」と質問したところ、植田総裁はこう答えました。「展望リポートは年４回で、決定会合は年８回ですので、決定会合ではそのときの判断で必要に応じて政策変更するということは前提ですので、展望リポートがない回でも政策変更はあり得るということです」

むしろ、金融緩和の出口開始を展望リポート公表と同時に決めると、その後の政策変更の自由度が下がりかねませんでした。

これまで、植田総裁が就任して以降、23年の7月と10月に長短金利操作の修正を決めましたが、いずれも展望リポート公表と同時でした。マイナス金利終了決定も同様にすると、その後の決定も同じになるとの受け止め方が市場の常識となり、日銀は機動的に動きにくくなる恐れもあります。そこであえて違うパターンにした面もあり得るのです。

実は06年の量的金融緩和解除も展望リポート公表がない3月に決めた経緯があり、背景には同様の発想もありました。当時の筆者の取材メモに記されている話です。

なお、4月会合まで待てば、全国企業短期経済観測調査（短観）発表や支店長会議開催もあり、経済・物価情勢に関する最新のデータ・情報も手に入ります。

四半期ごとに公表する短観は、全国の企業約1万社を対象に、景況感や物価観、収益見通し、設備投資計画などを聞き取る調査。支店長会議も四半期ごとに開き、全国の支店から地域経済の状況や景気動向に関する判断が報告されます。

ただし、日銀はこれらを待つ必要はないと判断したのです。既に得ていた情報で、政策変更の理由説明には十分と考えたからです。

第1章

何が変わったのか、どう変わってきたのか

これほどスッキリするとは！　日銀が「金融政策の枠組み見直し」を決めたと発表したのは3月19日の12時35分ごろ。その声明文を目にしたときの率直な感想です（図表1–1）。

声明文に記された新たな政策の方針は、⑴短期金利を操作する金融市場調節方針と⑵長期国債の買い入れのみでした（それぞれ何を意味するかは後で解説します）。

一方、1月の前回金融政策決定会合の声明文では、どうだったでしょうか。

まず、大きな柱として⑴長短金利操作（イールドカーブ・コントロール）の金融市場調節方針と⑵資産買い入れ方針の2つが並んでいました。

さらに⑴については①短期金利と長期金利の操作方針と②長短金利操作の運用が記され、⑵には①上場投資信託（ＥＴＦ）や不動産投資信託（ＲＥＩＴ）の購入額や②ＣＰ（コマーシャルペーパー）や社債の購入方針が書かれていました。かなり複雑だったのです。

政策も指針もかなりスッキリした

日銀は普通、政策の内容とともに、それをどう運営していくかの指針も示します。こちらもかなり簡略化されました。

1月会合までは、以下のような長い文章が記されていたのです（この内容も後で解説しま

図表1-1 政策の内容がかなりスッキリした3月19日の主な決定内容

短期金利操作	マイナス金利政策を解除。無担保コール翌日物金利を政策金利とし0〜0.1%程度に誘導
長期金利操作	長期金利操作は廃止。長期金利の跳ね上がりを抑える長期国債購入は継続
量的緩和	マネタリーベース（資金供給量）の「拡大方針」は撤廃
質的緩和	ETFやREITの新規購入は終了

（注）日本銀行公表資料を基に筆者作成

すので、ここでは長い文章だったという点だけわかれば十分です）。

「日本銀行は、内外の経済や金融市場を巡る不確実性がきわめて高い中、経済・物価・金融情勢に応じて機動的に対応しつつ、粘り強く金融緩和を継続していくことで、賃金の上昇を伴う形で、2％の『物価安定の目標』を持続的・安定的に実現することを目指していく」

「『物価安定の目標』の実現を目指し、これを安定的に持続するために必要な時点まで、『長短金利操作付き量的・質的金融緩和』を継続する。マネタリーベースについては、消費者物価指数（除く生鮮食品）の前年比上昇率の実績値が安定的に2％を超えるまで、拡大方針を継続する。引き続き企業等の資金繰りと金融市場の安定維持に努めるとともに、必要があれば、躊躇なく追加的な金融緩和措置を講じる」

これが3月会合では以下のようになりました。

「日本銀行は、引き続き2％の『物価安定の目標』のもとで、その持続的・安定的な実現という観点から、短期金利の操作を主たる政策手段として、経済・物価・金融情勢に応じて適切に金融政策を運営する。現時点の経済・物価見通しを前提にすれば、当面、緩和的な金融環境が継続すると考えている」

政策の内容もその運営の指針もかなり短くなったのです。

以上の変化は何を意味するでしょうか。3月19日の決定を、単に「マイナス金利政策の解除」と呼ぶだけでは、事態の矮小化《わいしょう》になるのです。決まったのは、2013年に始まり、その後順次拡大されたいわゆる異次元金融緩和の終了であり、「普通の金融政策」（植田和男総裁）の始まりだったのです。

読者の多くの関心事は、今回の決定そのものより、それが資産運用や家計にとって持つ意味かもしれません。気持ちはよくわかります。ただ、決定の意味を理解するためにも、その中身を頭に入れておく必要があります。

とはいえ、金融政策はもともと専門的です。しかも、ここ10年で政策はより複雑化しました。そこで、できる限りわかりやすく解説していきます。

前提となる基本的な知識をまず示しておきましょう。

従来の金融緩和には3つの要素

従来の金融緩和政策には、主に3つの要素がありました。

①金利を下げる「金利操作」、②日銀が世の中に供給する資金量を増やす「量的緩和」、③日銀が株式などのリスク性資産を買って、事実上その価格を下支えする「質的緩和」――です（リスク性資産とは、価格の大幅な下落や元本の毀損のリスクが相対的に高い資産を指します）。政策の名称も「長短金利操作付き量的・質的金融緩和」でした。3要素を盛り込んだ名前であり、それゆえに長かったのです。

「金利操作」によって名目金利（私たちがふだん目にする金利）を低位安定させ、「量的緩和」によるたくさんの資金の供給によって、インフレが起きそうだという心理を人々の間に広げようとしました（予想物価上昇率の引き上げと呼びます）。そして名目金利から予想物価上昇率を差し引いた実質金利の低下を促し、お金を借りる際の負担感を小さくしようとしたのです。

例えば、将来物価が上がり、売り上げも増えるという予想が企業経営者の間に広がると、お金を借りるときの金利の負担感が小さくなります。これが実質金利（物価変動を考慮した実質的な金利）の低下のメカニズムです。

さらに「質的緩和」で株価などを事実上下支えして、企業が株を発行して資金を調達するのを助けたり、株に投資している人々の心理を改善させたりしました。

このような経路を通じて、企業の投資や個人の消費を促そうとしてきたわけです。

3月の政策変更前に、この3つの要素がどうなっていたのかを、より詳しく確認していきましょう。

第1に「金利操作」は、短期の政策金利（日銀当座預金の一部金利）と長期金利（10年物国債利回り）の両方をコントロールする長短金利操作（16年に開始）となっていました。

日銀当座預金とは、各金融機関が日銀に持っている口座です。日銀が金融機関に資金を供給する際に、まず振り込まれる場所となります。

その適用金利をプラス0・1%、0%、マイナス0・1%の3階層とし、マイナス0・1%を短期の政策金利（政策を運営する際に操作する金利）と位置づけていました。この部分がいわゆるマイナス金利政策です。その重要な効果は、長短の金利曲線（イールドカーブ）の起点となる無担保コール翌日物金利をマイナスに沈めたことです。おおむねマイナス0・

1～0%程度での推移となっていました。

イールドカーブと無担保コール翌日物金利について解説しておきましょう。

一般的に金利は、期間が長くなるほど水準が高くなります。長い期間お金を貸せば、返済してもらえなくなるリスクが増すので、そのぶん金利を高めにするといった理屈です。したがって、期間を横軸、金利の水準を縦軸にしたグラフを描くと、普通は右肩上がりの線になります。これがイールドカーブです。

金利曲線の起点が翌日物金利

そしてその起点となる最も短いところが、無担保コール翌日物金利（以下では翌日物金利と記すこともあります）なのです。一般の人にはあまり関係のない金利ですが、銀行がお金の貸し借りをするコール市場という場所で適用される金利です。ちなみに、コール市場を含め短期の資金（期間1年未満の資金）を金融機関などが融通し合う場を、短期金融市場とも呼びます。

銀行というと、多くの人から預金を集めるので、手元にお金がジャブジャブに集まっている印象があるかもしれません。そんな銀行でも、場合によってはお金が足りなくなります。

図表1-2　イールドカーブの低下のイメージ

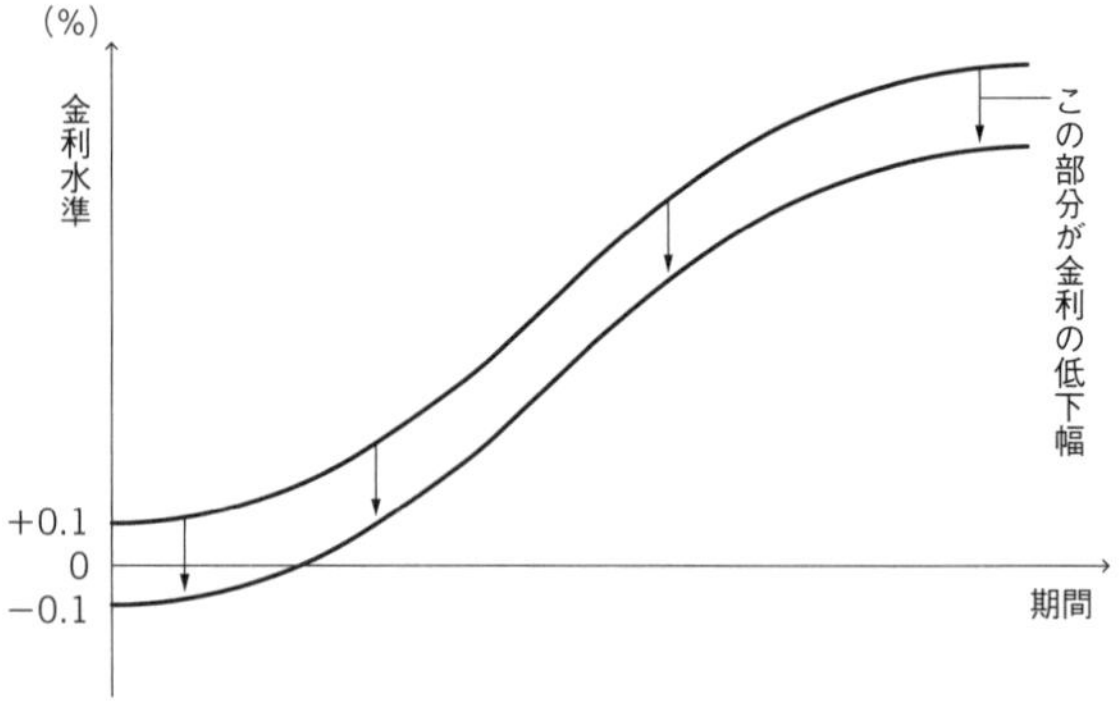

(注) 筆者作成

例えば、集めたお金の多くを貸し出しに回してしまえば、手元の資金が潤沢といえなくなっても不思議はありません。そんな銀行は、他行からお金を借ります。その取引をしている場所がコール市場です。

そしてコール市場で、借りた翌営業日に返す極めて短い資金の金利が、翌日物金利です。起点となるこの部分を水面下に沈め、イールドカーブを全体として下方にシフトさせたのが、マイナス金利政策でした（図表1−2）。

一方、従来、長期金利の誘導水準は「ゼロ％程度」とされていました。長期金利とは期間1年以上の金利ですが、その代表格が10年物の国債の利回りです。政府が10年間お金を借りるときの金利です。

図表1-3　修正を重ねた結果、形骸化した日銀による長期金利操作の変遷

年／月	長期金利誘導の内容	日銀の説明
2016/9	「ゼロ％程度」に誘導	金融緩和強化のための新しい枠組み導入
2018/7	変動容認幅をゼロ％の上下0.1％の「倍程度」に	強力な金融緩和継続のための枠組み強化
2021/3	変動容認幅を上下0.25％程度に明確化	より効果的で持続的な金融緩和
2022/12	変動容認幅を上下0.5％程度に拡大	金融緩和の持続性向上策
2023/7	変動容認幅の上限（0.5％）を一定程度超える金利上昇を容認、1.0％で連続指し値オペ実施	金融緩和の持続性向上策
2023/10	長期金利の上限は1.0％をめどに	金利操作の柔軟性を向上
2024/3	長期金利操作を終了	長短金利操作は役割を果たした

（注）長期金利は10年物国債利回り、日銀公表資料を基に筆者作成

ただ、図表1-3のような政策修正を重ねた結果、最近では「ゼロ%程度」の誘導目標は形だけのものになり、より意味を持っていたのは「1・0%」をめどとする「上限」の方でした。

いずれにせよ、長短両方の金利を低位で安定させたり、その跳ね上がりを抑えたりして経済を刺激するのが、長短金利操作でした。

人々のインフレ心理刺激へ量的緩和

次に、第2の「量的緩和」です。日銀が世の中に供給したお金の残高を示すマネタリーベース（資金供給量）について「拡大方針」を掲げていました。

具体的には「消費者物価指数（除く生鮮食品）の前年比上昇率の実績値が安定的に2%を超えるまでマネタリーベースの拡大方針を継続する」としていました。オーバーシュート型コミットメントと名付けられた政策です。「そう簡単に資金供給の手を緩めない」という姿勢を印象づけて、人々のインフレ心理を刺激しようとしました。

第3の「質的緩和」では、ETFやREITなどを買い入れてきました。このうち投資家の関心が高かったのがETFの購入です。ETFはたくさんの株式を束ねた金融商品と考えればいいでしょう。それを買えば、事実上の株価下支えになります。

ＥＴＦの買い入れは「年間約12兆円に相当する残高増加ペースを上限に、必要に応じて、買い入れを行う」とされていました。

ただ、この上限は新型コロナウイルス危機時に設けた文言が残っていたもので、実際には形骸化していました。２０２１年春の政策修正で購入は株価が大きく下落したときに限定すると決めたためです（ＥＴＦ購入策の修正の経緯は、81ページ以下で説明します）。株価が上昇してきたため、最近はほとんど買っていませんでした。とはいえ、いざとなれば日銀が買うという見方がマーケットにありましたので、市場心理を支える効果は発揮していたと見られます。

この3要素からなる「長短金利操作付き量的・質的金融緩和」を、「2％の『物価安定の目標』の実現を目指し、これを安定的に持続するために必要な時点まで継続する」としていたのが従来の政策でした（なお、長年にわたり政策がどのような変遷をたどって3月19日の政策見直し前までの姿になったのかは63ページ以降で説明します）。

では、この3つの柱が今回どのように変化したのでしょうか。

第1に「金利操作」の部分。短期金利については、政策金利として前出の翌日物金利その

図表1-4　無担保コール翌日物金利の推移

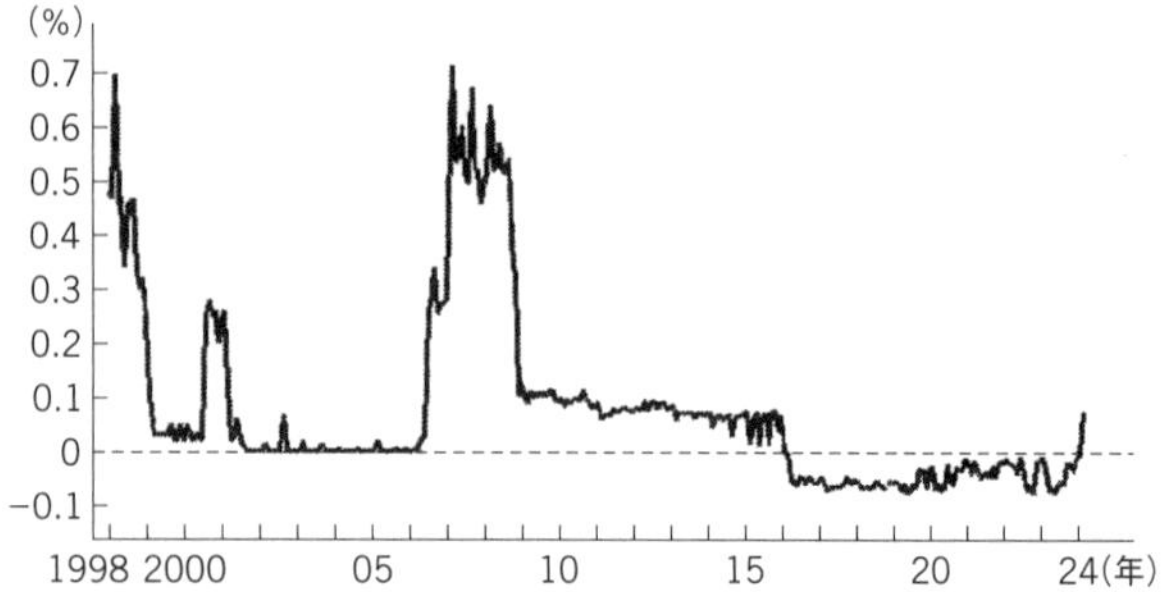

（出所）日本銀行

ものを採用し、誘導水準を「0〜0・1%程度」としました。

上述した通り、翌日物金利は長短の金利曲線である イールドカーブの起点となります。マイナス金利政策のもとマイナス0・1〜0%程度での推移となっていましたが、その幅を0・1%上向きにシフトさせ、マイナス圏からプラス圏を中心としたレベルに浮上させたのが、新たな政策といえます。

「ゼロ金利政策」とは呼ばない理由

翌日物金利の新たな誘導水準はおおむねゼロに近いといえますが、日銀はこの政策を「ゼロ金利政策」とは呼ばない考えです。植田総裁も3月19日の記者会見でそう語っていました。

市場参加者の間には、日銀が「まずマイナス金利政策を終了した後、次にゼロ金利政策を解除し、金融政策を正常化していく」との見方もありましたが、それを否定したのです。

実は、日銀は異次元金融緩和を導入する前に、包括金融緩和と呼ばれる政策を手掛けていました。そのもとで翌日物金利を今と同じ0~0・1%程度に誘導していました。当時これを公式文書で「実質ゼロ金利政策」あるいは「実質的なゼロ金利政策」と呼んでいました。ピッタリ0%ではないが0%に近いという意味です。

過去との整合性を保つなら、今回も同じ表現を使ってもおかしくないですが、「実質ゼロ金利政策」と呼ぶのかと日銀の担当者に聞くと、それについても否定的でした。「実質」を使う場合も含め、「ゼロ金利」という言葉の使用に拒否反応を示す日銀。その理由は何でしょうか。

日銀内を取材すると耳にしたのが「金利引き下げ局面には、緩和効果を強調するため『ゼロ金利』を使うことに意味があるが、引き上げ局面であえて使う必要はない」との声です。むしろ、利上げ局面で「ゼロ金利」を使うと、政策の自由度が落ちかねない懸念があるという話も聞きました。

「マイナス金利解除」という大きなイベントがようやく終わった後、今度は「ゼロ金利解除」

という重要イベントが続くと解釈されて世間の注目度が高まると、政策を自由に決めにくくなるというわけです。マイナス金利解除後の次の政策変更は「ゼロ金利解除」ではなく「普通の利上げ」と位置づけ、粛々と実施していきたいという思いがあるのでしょう。

さて、次に長期金利操作に話を進めましょう。これは撤廃されました。

長期金利とは国が借金のために発行する債券（国債）の利回りで、本来は市場で自由に決まるものです。それを操作する政策を手掛けている例は、米欧の主要中央銀行にはありません。一時オーストラリアの中央銀行がやっていましたが、やめています（第2次世界大戦中に米国の中銀である米連邦準備理事会＝FRB＝が長期金利に上限を設けた例がありますが、戦費調達支援が目的で、物価の安定を目指すための政策＝金融政策ではありませんでした）。日銀も長期金利を操る異例の取り組みからは手を引いたわけです。

今後は、あくまで短期金利の操作を主な政策手段とし、長期金利は基本的には市場の動きに委ねるようにしました。

長期金利への関与を完全にはやめず

ただし、長期金利への関与を完全にやめるわけではありません。「これまでとおおむね同程度の金額で長期国債の買い入れを継続する」とされました。さらに「長期金利が急激に上昇する場合」には、長期国債の買い入れ額を増やすなどしてその動きを抑えるとされました。金利の急上昇で財政政策や企業経営、家計といった様々なところに悪影響が及ぶ場合は抑えるという話です。これは予想されたことでした。

そもそも、長期金利に一定の影響を及ぼし、その乱高下による悪影響を防ぐことを意識した政策は他の中銀でも珍しくありません。日銀自身も、長期金利を低位安定させる政策は、２０１６年に長期金利操作を導入するはるか前から手掛けてきました。

日銀が長期金利にも関与する政策を始めたのは20年以上前です。具体的には、１９９９年に、一定の条件が満たされるまで短期の政策金利を引き上げないと約束して長期金利を低位安定させる政策（時間軸政策、後で詳しく説明します）を導入しました。

２０１０年開始の包括緩和政策では、国債買い入れで長めの金利に働きかける姿勢を明確化し、13年導入の量的・質的緩和ではこのスタンスをより強めました。そして16年に長期金利に具体的な誘導目標まで設定したという流れです。

今回、日銀が放棄したのは、具体的な水準まで示して長期金利をコントロールする政策ということなのです。

長期金利を無理に抑え込むと様々な副作用が

目標値を示すようなあからさまな長期金利の抑え込みをすると、様々な副作用が出ます。これは、8年にわたった長期金利操作政策の実施を通じた「教訓」であったともいえます。

ここでは主に3つの副作用を挙げ、解説しておきます。

第1に債券市場の機能が低下したり、為替相場が乱高下しやすくなったりします。

本来、長期金利からは、債券市場に参加する人々が経済をどう見ているかのメッセージが読み取れます。中銀や政府が政策を運営したり、企業がビジネスを展開したりする際の貴重な情報です。金利が上がり始めれば経済が良くなってきた兆候ですし、下がり始めれば逆のサインです。

ところが、中銀が長期金利を強引に操作すると、市場のサインが消えてしまいます。中銀が債券市場の動きを見ていたら、そこに映っているのは自分自身の姿だった――。そんなおかしな現象が起きます。

為替市場でも問題が起きます。円相場が乱高下しやすくなるのです。どういうことでしょうか。

普通、海外、特に米国のような経済大国の長期金利が上がれば、日本の長期金利にも上げ圧力がかかります。高めの金利に魅力を感じた投資家が日本の国債を売って、米国債を買う動きが増えるからです。そうして人気が下がった日本国債は、より高い利回りがつかないと買い手がつかなくなるため、日本の長期金利は上がります。

ところが、そこで日銀が国債を買い支えてしまうと、日本の長期金利は上がりません。米国の長期金利が上がる一方、日本の金利が低いままだと何が起きるでしょうか。両国の金利差が急速に広がるなか、金利面の魅力が高まったドルを買い、魅力のない円を売る動きが広がり、円安が急速に進むのです。まさに2022年に起きた現象です。

短期間での円相場の大幅な変動は、輸出や輸入を手掛ける企業にとっても困った話です。特に円の価値が急速に下がると、以前よりも多くの円を払わないと海外からモノを買えなくなるので、輸入企業には頭痛のタネとなります。

財政政策などの規律低下も

長期金利を強引に抑え込むと、様々な規律も低下します。これが第2の副作用です。

長期金利は政府が借金をするために発行する国債の利回りですから、政府にとっての借金のコストになります。それが低く抑えつけられれば、無駄な財政支出が増えかねません。

また、先ほどの市場が発するサインとも関係する話になりますが、普通であれば、財政規律が緩むと政府が借金を返せなくなるのではないかという不安が市場に広がり、国債の人気が下がり売られます。利回りが高くならないと国債の買い手が現れなくなるため、長期金利が上がります。債券市場にはそんな警鐘を鳴らす機能もありますが、それが働かなくなることも財政の規律を緩めます。

国債の利回りは、企業が発行する社債の利回りや銀行がお金を貸す際の金利にも影響を及ぼします。長期金利が下がれば、企業は安いコストでお金を借りられるようになり、本来は経営を続けられないはずのいわゆる「ゾンビ企業」が温存されます。経済全体の効率が下がる恐れもあります。

第3の副作用は、金融機関経営や資産運用への負の作用です。

銀行は経済の血液ともいうべきマネーの流れを左右する存在ですが、ビジネスの柱のひとつは、短期の資金を預金として集め、それを長めの貸し出しに振り向ける仕事です。その金利差（利ザヤ）を、収入源のひとつにしているのです。

ところが、長期金利があまりに低く抑えられていると利ザヤが十分でなくなり、経営体力が低下します。収益の悪化を防ぐため、リスクの高い融資や投資をすれば、それもまた経営に問題が生じる要因になり得るのです。いずれにせよ、銀行が支えるマネーの流れが滞りかねません。

長期金利の過度の低下は、国債でお金を運用している保険会社などにとっても困った話です。保険会社は加入者から集めたお金をいろいろな資産で運用し、将来の保険金支払いに備えますが、運用する資産のひとつが国債です。その利回りがあまりに低くなれば、金利収入が減ってしまいます。年金の運用についても同様の問題が生じます。保険や年金の加入者が不安を感じるようになれば、景気にも悪影響が及びます。

やや長くなりましたが、日銀は、こうした副作用を考慮し、長期金利の強引な抑え込みから手を引きました。

資金供給の「拡大方針」を撤廃

3月19日に決まった政策修正の第2の要素である「量的緩和」に話を進めましょう。その柱であるオーバーシュート型コミットメントは無くなりました。消費者物価上昇率（生鮮食品を除く）の実績値が安定的に2％を超えるまで、日銀が供給する資金の残高について「拡

図表1-5　2022年春に日銀目標の2%を超えた

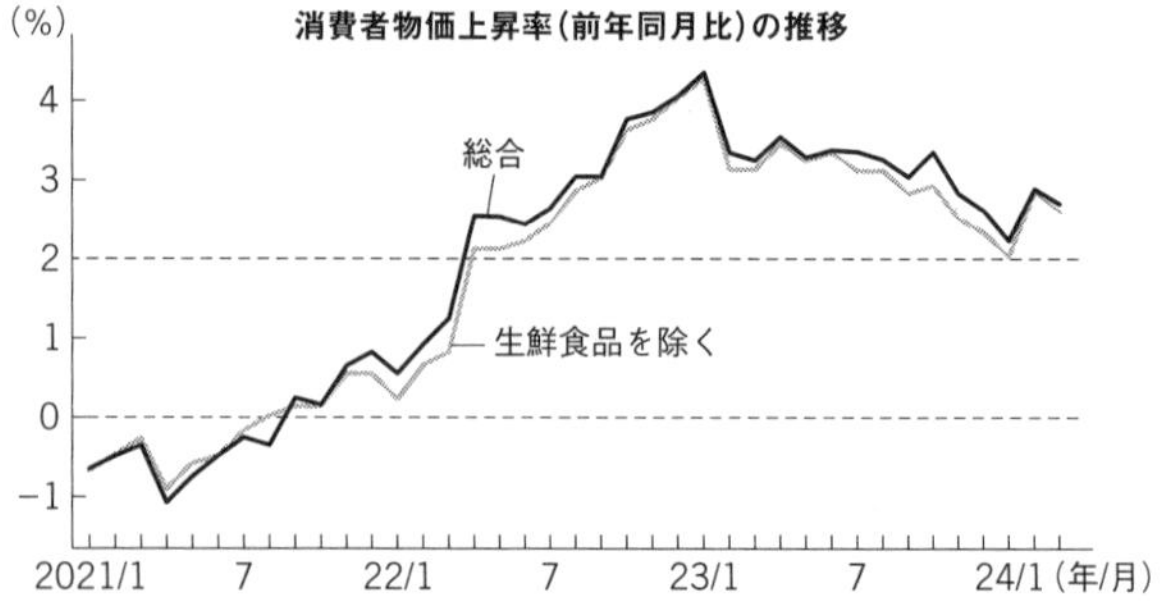

(出所) 総務省

大方針」を継続するという約束を撤廃したのです。日銀が「資金供給量の拡大」、つまり量的緩和とは距離を置いたことを意味します。

撤廃の理由として、日銀は「要件を充足したものと判断する」としました。確かに、消費者物価上昇率（生鮮食品を除く）は２０２２年４月以降、基本的に「安定的に２％を超えた」と見なせる動きをしてきました（図表１－５）。

日銀は様々な資産を買い入れる見返りに資金を供給しますが、その代表的な資産が長期国債です。その長期国債について、上述した通り、「これまでとおおむね同程度の金額で長期国債の買い入れを継続する」としましたが、実はこれも「資金供給量の拡大」から手を引く日銀の考えを反映しています。どういうことでしょうか。

月間６兆円購入なら残高は増えなくなる

それは「これまでとおおむね同程度」という言葉の具体的な意味を考えるとわかります。その点に関連して、３月19日の声明文の脚注に次のような文章が記されました。「足もとの長期国債の月間買い入れ額は、６兆円程度となっている。実際の買い入れは、従来同様、ある程度の幅をもって予定額を示すこととし、市場の動向や国債需給などを踏まえて実施していく」

実は月間６兆円程度という「足もとの買い入れ額」を続けるなら、日銀の長期国債の保有残高は増えなくなっていきます。

国債は満期になれば、償還（借金をしていた政府から国債保有者へのお金の返済）があります。その時期がくれば、日銀が保有していた国債は消えます。その分が、ならしてみると毎月６兆円程度あるため、新たに買う分と消えてしまう分が差し引きほぼゼロになるのです。

したがって、毎月６兆円程度の買い入れなら長期国債の保有残高は増えなくなりそうであり、「資金供給の拡大」をやめる日銀の方針と整合的というわけです。

ただ、長期金利が急激に上昇する場合には、機動的に長期国債の買い入れ額の増額などを実施します。そうした考えが声明文に記されたことも既に説明しました。

長期金利安定ならいずれ保有残高縮小へ

もっとも、長期金利が安定的に推移するようなら、いずれ長期国債の月間購入額を6兆円程度から減らし、保有残高も減らしていきそうです。

中銀が保有する資産の額を減らしていく動きは、量的引き締め（Quantitative Tightening＝QT）と呼ばれる場合があります。量的緩和（Quantitative Easing＝QE）の反対語です。3月19日の決定でQEと距離を置いた日銀が、いずれQTへと進む可能性はあります。

植田総裁も3月19日の記者会見で、「大規模緩和終了後はバランスシート縮小を視野に入れていくというつもりでおりますので、将来のどこかの時点で、（長期国債の）買い入れ額を減らしていくということも考えたいと思います」と述べました。同時に「今、具体的にそれについて申し上げられる段階ではございません」とも語っており、いつから資金供給量の縮小を始めるか、現時点で明確ではありません。

その点に関連して知っておくべきなのは、QTは経済に引き締め効果を及ぼす金融政策の主要な手段にならないことです。植田総裁は「主たる政策手段は短期金利ということになるわけで、経済・物価情勢の変化に合わせて調整していくのは短期金利になるかと思います」と説明していました。

経済・物価情勢がどうであれ、長期金利が安定的に推移していくようなら、日銀は粛々と国債保有額を減らす方向に向かいたいと考えているのでしょう。

日銀の国債保有比率は50%を超える高水準

日銀がいずれ国債保有額を減らしたいと考えるのは、その規模があまりに大きいからです。異次元緩和のもと巨額の国債買い入れを続けてきた結果、今や発行された国債のうち日銀が持っている比率は50%を上回ってしまいました。異次元緩和前には10%程度でしたから、大幅な上昇です（図表1−6）。

こうなると、長期金利への過度な低下圧力がかかってしまいます。一般的に、中銀の国債買い入れに伴う長期金利への低下圧力をフロー効果、国債の保有による下げ圧力をストック効果と呼び、専門家の間には後者の方が大きいとの見方も根強くあります。この考え方を踏まえると、保有額が減らない限り、長期金利を無理に抑えつける効果は思ったほど小さくなりません。

図表1-6　長期金利の「ゆがみ」をどの程度生んでいる？

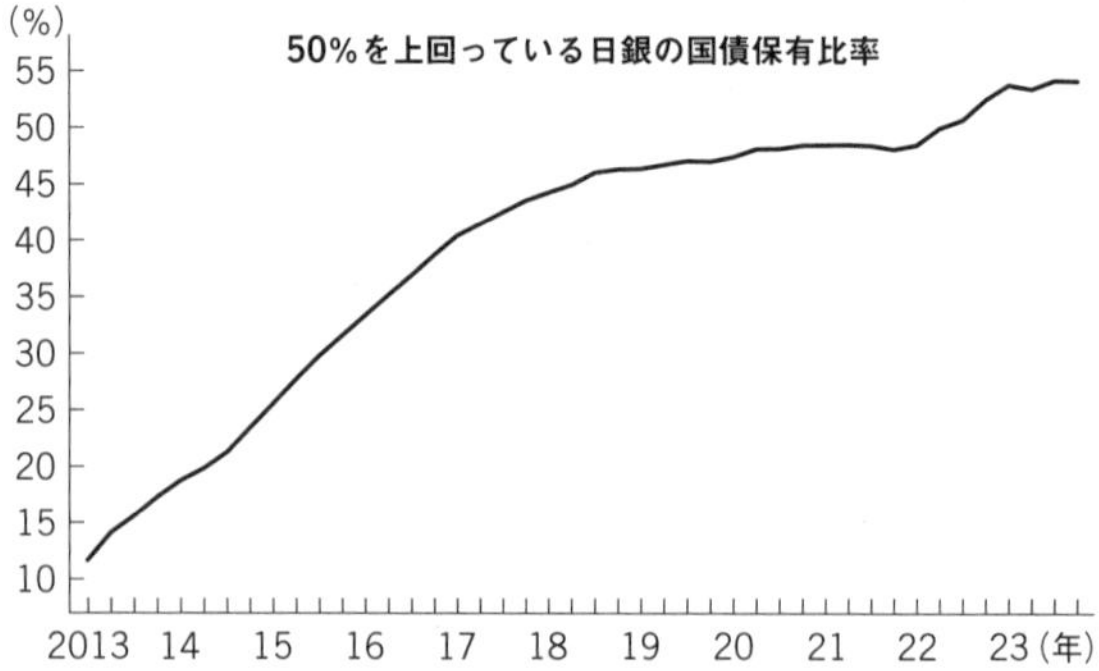

（出所）「日銀資金循環統計」（国債は国庫短期証券を除く）

長期金利の無理な抑え込みに伴う様々な問題点は上述した通りですが、副作用を減らすため、日銀は保有残高も減らしていきたいのです。

既に書いた通り、毎月6兆円程度の買い入れならば、満期に償還される分とおおむね等しく、保有残高はほぼ増えません。ということは、月間購入額が6兆円を下回っていけば、残高は減りやすくなります。日銀はいずれその状態にしたいという話です。

ETF購入による株価下支えは終了

日銀が3月19日に決めた政策修正の第3の要素は、「質的緩和」です。

質的緩和とは、リスクの高い資産を買い入れる政策です。日銀が購入してきた資産とは何でしょうか。

多くの企業の株式にまとめて投資し、株価指数に連動する運用成果を目指すETF、様々な不動産に投資し、そこから得た利益を投資家に分配するREIT、企業が借金する際に発行するコマーシャルペーパー（CP）や社債といったものを買ってきました。

このうち、ETFとREITは「新規の買い入れを終了する」と決定。CPと社債については「買い入れを段階的に減額し、1年後をめどに終了する」と決めました。

株式投資家を中心に読者の関心が特に強いのは、ETF買い入れの終了でしょう。日銀はそのシグナルを約1週間前の3月11日に発しました。大幅な株価下落を静観したのです。「これは重要な転換点」――。その日の夕刻、筆者のXアカウントでこんなポストをすると、かなり反響がありました。

3月11日の東京株式市場では、日経平均株価の前週末比の下げ幅がいったん1200円近くに達するような混乱が起きました。3月に入り日経平均株価は4万円台に上昇し、過去最高値を更新していました。その株高を引っ張ってきた企業業績の改善期待に、円高がブレーキをかけました。

従来の常識では、日銀がETFを買って、株価を下支えするはずでした。「従来の常識」

とは、午前中の東証株価指数（ＴＯＰＩＸ）の終値が前営業日終値比２％を超えて下落すると、午後に日銀がＥＴＦを買うというもの。日銀は認めていませんが、市場参加者の間では「２％ルール」と呼ばれていました。

撤廃された「２％ルール」

３月11日午前のＴＯＰＩＸは約２・２５％下落していましたので、従来なら日銀が行動を起こすべきタイミングでした。しかし、買い入れをしていなかった事実を夕刻になって日銀が公表したのです。

「２％ルール」の撤廃です（図表１－７）。３月19日の次回金融政策決定会合で、日銀がＥＴＦ買い入れを終了する示唆と受け止められました。実際、日銀は３月19日、ＥＴＦ買い入れの終了を決めましたが、日経平均株価が一時４万１０００円台をつけたのはその数日後。株式市場の「脱・日銀依存」を象徴する光景でした。

保有ＥＴＦの売却はせず

終了が決まったＥＴＦ購入策については、もうひとつ重要な点を指摘しておく必要があります。買い入れ自体は終えるものの、既に買った分をすぐに売るという話ではないことです。株価に悪影響が及びかねないからです。

日本で巨額の日本株投資を手掛けている組織として、公的年金運用の年金積立金管理運用独立行政法人（ＧＰＩＦ）がありますが、日銀はこれを上回る日本株の実質的な最大保有者と目されており、それが一気に売りに転じれば、ショックが大きそうなのは事実です。

ただし、日銀が保有ＥＴＦを手放せない理由は、市場への悪影響に対する懸念だけではな

図表1-7　「2%ルール」での購入がついに止まった日銀のETF買い入れの実績

	午前の株価下落率（%）	購入額（億円）
2022年		
1/14(月/日)	2.017	701
1/25	2.026	701
2/14	2.018	701
3/7	2.881	701
4/7	2.002	701
5/19	2.032	701
6/13	2.009	701
6/17	2.028	701
12/2	2.039	701
2023年		
3/13	2.017	701
3/14	2.343	701
10/4	2.009	701
2024年		
3/11	2.253	なし

（注）株価下落率はTOPIX（%）、日銀公表データなどを基に筆者作成

さそうです。ETFという金融商品からは保有者に対して一定の分配金（株式の配当に相当する）が支払われますが、日銀が受け取る額はかなりの規模になっているからです。

これが日銀にとって貴重な収入源になっていきそうなのです。この点も含めて日銀保有ETFに関する話は第4章で詳しく述べます。

以上、マイナス金利解除などの今回の政策変更について解説しました。「金利」と「量」と「質」という金融緩和の3つの要素に変化が生じた様子を、イメージとしてつかめていただけたでしょうか。

その意味をより理解するために、そもそも金融政策がなぜ複雑な姿になっていったかを頭に入れておいた方がよさそうです。それは、過去四半世紀くらいの金融政策の流れを知ることでもあります（過去の振り返りを頭に入れておくのは重要ですが、それより今後の金融政策運営のシナリオを読みたいという読者は第2章に進んでください）。

日銀は年内に、過去およそ四半世紀に実施してきた様々な金融緩和政策に関する多角的なレビューを公表しそうですが、それを読むうえでも参考になるはずです。

デフレ開始の98年以降、金融政策は複雑化

そもそも、過去およそ四半世紀前が重要なのはなぜでしょうか。日本でデフレが始まったとされるのが、1998年とされるからです。

デフレとは「物価が持続的に下落する現象」です。物価とはモノやサービスの価格を総合したもので、それが下落を続けるのがデフレであり、物価が上昇する現象であるインフレとともに望ましくないとされています。

だからこそ、日銀法では「物価の安定」の実現が日銀の役割のひとつと定められており、日銀はデフレとの戦いを続けてきたのです。そして、それが四半世紀も長引いた結果、金融政策は複雑になってしまいました。

ところで、なぜ「物価の安定」は法律で定められるほど重要なのでしょうか。デフレやインフレが望ましくない理由は何なのでしょうか。

大幅なインフレが問題である理由はすぐに理解できそうです。モノやサービスの値段が急速に上がるなら、人々がせっかく稼いだお金でモノを買ったり、サービスを受けたりすることが以前より難しくなります。給料の価値が下がってしまい、人々の生活は苦しくなります。

もちろん、物価が上がれば、給料も上がるかもしれません。企業の売り上げが増えるからです。物価と同じ程度に給料も上がるなら、働いている現役世代の生活にそれほど問題は生じないでしょう。しかし、ためてきた預貯金や年金に頼って暮らす高齢者の生活は苦しくなります。世代間の不公平を生みます。

物価が持続的に下落するデフレはどうでしょうか。モノやサービスの値段が安くなるところだけに着目すれば、悪い話ではないような気もするでしょう。確かに生活は楽になります。

しかしながら、物価の下落によって企業の売り上げや利益が減るなら話は違ってきます。賃下げが広がりかねませんし、雇用も不安定になる恐れがあるからです。特に貯蓄がまだ十分ではない若い世代への打撃が大きくなります。これも世代間の不公平を生みます。

インフレが高齢者への打撃となりやすいのに対して、デフレはこれから世の中を支える若い世代に負のインパクトを与えやすいのです。そういう意味では、より深刻かもしれません。

インフレよりデフレがやっかいかもしれない理由として、金利の引き下げに限界がある点も指摘できます。いくらマイナス金利政策も可能とはいえ、金利をゼロより下に大きく下げることはできません。

インフレを防ぐ金利の引き上げは事実上無限にできますが、デフレに対処するための金利

図表1-8　1998年にデフレが始まった

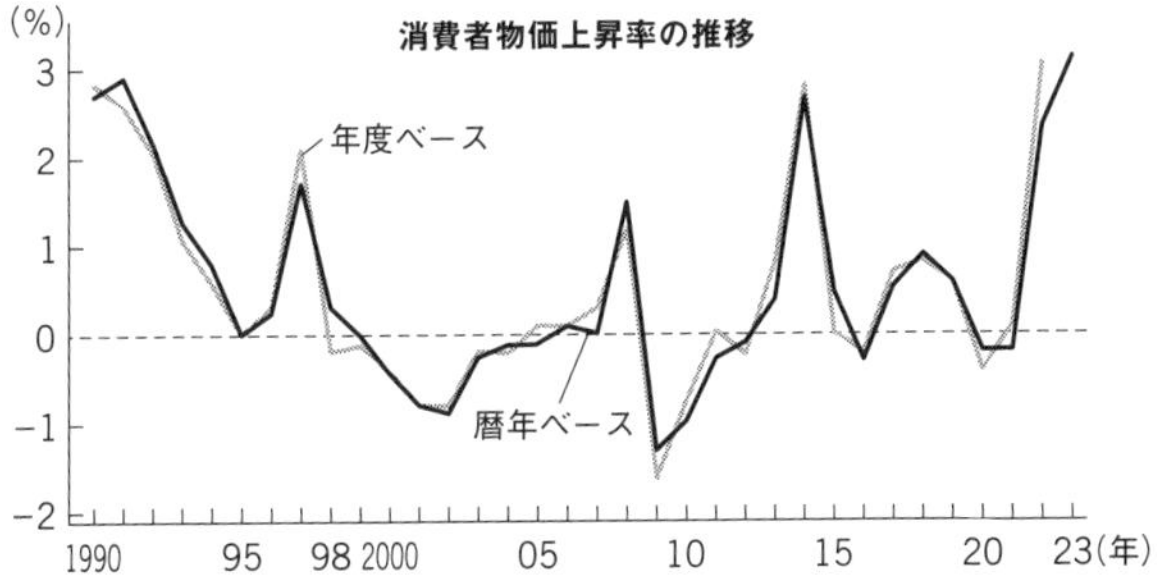

（注）生鮮食品を除く前年比。2014年には消費増税、08年と22年はエネルギー価格高騰があった
（出所）総務省

の引き下げには限界があるというわけです。そうした事情などもあり、日銀のほか米欧の主要中央銀行は小幅なインフレ（２％程度）を目標に政策を手掛けています。そうすれば、金利も多少なりとも高めにできるので、下げ余地を確保しやすいからです。

さて、そのやっかいなデフレが日本で始まったとされるタイミングが１９９８年でした。同年後半に入り、消費者物価上昇率（天候要因による変動が大きい生鮮食品を除いたベース）はマイナスを続け、年間では前年比０・３％上昇、年度ベースでは０・２％の下落となりました（図表１－８）。

まずは短期金利の引き下げから始まった

ちょうど1998年に就任した速水優総裁が率いる日銀は、まず伝統的な金融政策の手段である短期金利の引き下げから始めました。98年9月に無担保コール翌日物金利の誘導水準を下げたのです。「平均的にみて公定歩合水準（年0・5％）をやや下回る水準」から「平均0・25％前後」への引き下げでした。

夏にロシアで起きた経済危機を受けて世界的に市場心理が悪化、株価が下落しました。放置しておくと実体経済にも悪影響が及びかねず、物価の下げ圧力も強まりかねないという判断がありました。

ちなみにこの時の声明文に「デフレ」の3文字が、90年代のバブル崩壊以降初めて入りました。この政策決定の意味がわかりそうです。

一般的に金利を下げると企業や個人がお金を借りる際のコストが下がり、投資や消費が刺激されます。モノを買ったり、サービスを利用したりする動きが広がれば、物価の下落圧力を和らげる効果も期待できます。デフレ防止を狙う際に、日銀が金利を下げる理由です。

当時の日銀は銀行がお金を融通し合うコール市場に資金を供給したり、市場から資金を吸収したりしながら、無担保コール翌日物金利（翌日物金利）を目標とする水準に誘導し、金融政策を運営していました（既に述べた通り、今回のマイナス金利解除によって、日銀は翌日物金利を誘導する政策スタイルに戻りました）。このように金融政策を運営する際の中心となる金利を、政策金利（短期の政策金利）と呼びます。

翌日物金利が重要な理由をあらためて解説しておきましょう。

まず、銀行がお金を借りる際のコストを左右することです。銀行は企業や個人にお金を貸すビジネスを展開しており、経済全体にお金を供給する役割も担います。銀行が資金を手に入れる際の金利が下がれば、経済の血液ともいうべきマネーの巡りが良くなり、経済活動が刺激されます。

もうひとつ、翌日物金利のような極めて短い期間の金利は、金利曲線の起点となる意味でも重要です。

そして、起点となる翌日物金利が下がると、金利曲線が全体として下にシフトしやすくなります。つまり、翌日物金利を引き下げると、金利低下による経済刺激効果がすべての期間に波及することが期待できるのです。

99年にゼロ金利政策へと進んだ

日銀による金利の引き下げはその後も続き、1999年2月には翌日物金利を当時の下限であった0％に近づける決定を下しました。「当初0・15％前後を目指し、その後市場の状況を踏まえながら、徐々に一層の低下を促す」という内容でしたが、速水総裁（当時）が記者会見で「（金利は）ゼロでもいい」などと語ったため、「ゼロ金利政策」と呼ばれるようになりました。

短期の政策金利をプラスの領域で上げ下げする伝統的な金融政策が終わった歴史的な瞬間でした。新たな要素はそれだけではありません。日銀が長期金利も意識した政策を始めたことです。

長期金利とは期間1年以上の金利の総称ですが、指標となるのは期間10年の国債の利回り（10年物国債利回り）です。短期の政策金利が「下限」のゼロに達した以上、次は長期金利の下げ余地を模索しよう――。日銀はそう考えました（その後、この短期の政策金利の下限をさらに下回る金利を追求したのがマイナス金利政策でしたが、当時は0％が下限と目されていました）。

そこで挑んだのが「時間軸政策」と呼ばれた新たな政策です。主導したのが、当時、審議委員として金融政策決定会合のメンバーになっていた植田現総裁でした。

長期金利の決定には様々な要素がからんでいます。ひとつの要因は、短期金利が将来どうやって動くかに関する人々の予想です。そして短期金利の代表格が政策金利です。したがって、遠からず短期の政策金利が上がるとの予想が広がれば、長期金利に上昇圧力がかかります。逆に短期の政策金利はすぐに上がらないという予想が支配的になれば、長期金利は低位安定しやすいのです。

そこで日銀は、短期の政策金利を簡単には上げないという約束をしました。具体的には「デフレ懸念の払拭が展望できる情勢になるまで利上げはしない」と宣言しました。

ゼロ金利解除への批判受け量的緩和へ

翌年（2000年）の8月、日銀はこの条件が満たされたとの判断に基づき、ゼロ金利政策を解除しました。翌日物金利を「平均的にみて0・25％前後」に上げたのです。しかし、政府がこの議決を延ばすよう求めるなど、世の中には日銀の動きの妥当性に懐疑的な空気がありました。案の定、米国のＩＴバブル崩壊により内外の株価は下落。デフレ圧力が再燃しかねなくなりました。

世論の批判を受けるなか、日銀は01年3月、金利の引き下げにとどまらない対応策に踏み込みます。資金供給量の拡大で緩和政策を進める量的金融緩和です。具体的には、日銀当座預金の残高を目標に掲げ、追加緩和はその増額で実施することにしました。

「短期金利」の引き下げで始まった過去四半世紀の金融緩和政策は、やがて「長期金利」への働きかけに及び、さらに「資金供給量」の拡大という局面に入ったのです。これも歴史的な決定でした。

日銀が市場（金融機関）に資金供給する際には、何らかの資産（国債が代表的）を買い、その見返りにマネーを出すのが普通ですが、振り込み先となるのが銀行の日銀当座預金です。日銀はその残高を操作することを、金融政策の主軸に据えたのです。

日銀当座預金残高を増やすためには、潤沢なマネーを供給することが必要になります。結果として、翌日物金利にも下げ圧力がかかり、ゼロ金利政策が事実上復活したともいえました。ただ、当時はゼロが金利の下限と考えられていましたので、短期金利の操作だけにこだわっていると、政策が行き詰まります。そこで量的緩和に踏み切ったのです。

時間軸政策も強化

しかも、この政策を「消費者物価指数（全国、除く生鮮食品）の前年比上昇率が安定的にゼロ％以上となるまで、継続する」と約束しました。既に述べた通り、ゼロ金利政策解除の条件は「デフレ懸念の払拭が展望できるような情勢になること」でした。これに対して、量的緩和の解除条件には、具体的な数字を盛り込みました。その分、簡単には量的緩和はやめられなくなりました。時間軸政策の強化です。長期金利により強い低下圧力がかかりました。

実際、量的緩和政策は5年も続き、当初5兆円でスタートした日銀当座預金残高の目標は、2003年就任の福井俊彦総裁のもとで最終的に30兆円台まで増額されました。

やがて解除条件が満たされたとの判断から、日銀は06年3月に量的緩和を解除。政策の軸足を金利に戻しました。翌日物金利を「おおむねゼロ％」に誘導するゼロ金利政策としたのです。そのゼロ金利政策も7月に解除され、翌日物金利の誘導目標は「0・25％前後」に上がり、07年2月の追加利上げで「0・5％前後」になりました。

1999年のゼロ金利政策導入、2000年のゼロ金利解除、01年の量的緩和政策導入と推移してきた政策は、06年の量的緩和解除とゼロ金利解除、07年の追加利上げと推移し、金利がプラスの領域で推移する普通の政策に戻ったのです。

世界的金融危機を受け再び金融緩和へ

しかしながら、2008年の世界的な金融危機を受け、日銀は再び金融緩和の道を歩むことになります。そして、白川方明総裁時代の10年10月には、包括金融緩和と呼ばれる新たな枠組みが導入されました。ポイントは3つです。

第1に、翌日物金利の誘導水準が0~0・1%程度とされ、「実質的なゼロ金利政策」を手掛けるとされました。事実上のゼロ金利政策への回帰です。

第2に、長期金利への関与により踏み込みました。

まず、実質ゼロ金利政策を、物価の安定が展望できる情勢になったと判断するまで続けると約束しました。「物価の安定」については「委員の大勢は消費者物価上昇率1%程度を中心と考えている」とされました。先行きの短期金利が簡単には上がらないとの予想を広げ長期金利を安定させる時間軸政策です。

それだけではありません。長めの金利を下げるため、長期国債（残存期間1~2年程度）購入も活用する姿勢を示しました。時間軸政策に加えて、長期国債の需給に直接影響を及ぼす国債買い入れも活用し、長期金利に下げ圧力をかけようとしたのです。

第3が、リスク性資産を買い入れる「質的緩和」です。特に重要なのは、ETFの購入を初めて手掛けると決めた点です。日銀が金融政策の手段として事実上の株価下支え策を始めた歴史的な決定だったといえます。

日銀による株式の購入自体は初めてではありませんでした。速水総裁時代の2002年に銀行が持つ株式の買い取りを決めたことがあったからです。ただ、これは金融政策ではなく金融システム安定策でした。銀行の株式保有を減らし、金融機関経営を株価下落の悪影響から遮断するのが狙いでした。これに対して、包括緩和でのETF購入は金融政策として手掛けたという違いがありました。

短期の政策金利のゼロ金利政策を事実上再開するとともに、長期金利への関与にも一段と踏み込み、さらに事実上の株価下支えの質的緩和も実施する。包括緩和はそんな政策でした。

もっとも、デフレ退治の結果は出ませんでした。11年の消費物価上昇率は0・3%の下落でした。

異次元金融緩和の開始へ

そして、2012年12月に、厳しい日銀批判を展開していた安倍晋三氏が首相に就任。日銀は13年1月、長年低い物価上昇率が続いてきた日本では無理があるとして慎重だった2％の物価目標の設定に踏み切ります。

この安倍首相によって任命された黒田東彦総裁のもと、13年4月に開始されたのが量的・質的金融緩和でした。2％物価目標について「2年程度」という達成時期も示し、従来と次元の異なる大胆な政策を打ち出しました。そこで異次元緩和とも呼ばれたのです。

量的・質的緩和という名称の通り、その内容は量的緩和と質的緩和からなります。「主役」になったのは量的緩和です。マネタリーベース（資金供給量）を年間60兆～70兆円程度増やし、2年で2倍にする方針を掲げました。

ちなみに、2001年3月開始の量的緩和は日銀当座預金残高の増加を目標に掲げたのに対して、13年4月の異次元緩和の量的緩和ではマネタリーベースの増額を目標にしました。両者の違いを解説しておきましょう。

既に述べた通り、日銀が市場に資金を供給する場合、まず金融機関から国債などを買い入れ、その代金をいったん日銀当座預金に振り込みます。01年3月の量的緩和は、この部分の残高増額を目標にしました。

一方、日銀当座預金にたまったお金は、必要に応じて世の中に現金として出ていきます。日銀当座預金とこの流通現金を合計したものがマネタリーベース（資金供給量）で、日銀が直接世の中に供給したマネーの総額の残高を意味します。

13年にはこちらを増やすことを目標にしました。より幅広い範囲のマネーの動きに日銀が責任を負ったといえるわけであり、その分、踏み込んだのです。

日銀の資金供給を背景に、金融機関は企業や個人などにお金を融資します。それがまた銀行に預けられ、再び貸し出しにまわります。そうしたプロセスが繰り返されると、日銀が供給したマネーが何倍かに膨れあがります。これが信用創造のメカニズムです。その結果生まれたお金の額を示すのが、マネーストック（通貨供給量）です。

日銀当座預金、マネタリーベース、マネーストックの3つの概念は、以上のような関係にあります。

最終的に経済を刺激する緩和効果を出すうえで最も重みを持つのは、マネーストックの増加です。それは、中央銀行と金融機関の共同作業によって実現するということです。

量的・質的緩和の話に戻りましょう。大規模な資金供給のための手段が、巨額の長期国債の買い入れでした。保有残高を年間約50兆円ペースで増やすと約束しました（残高も2年で2倍以上にするとされました）。それまでは年間20兆円程度の残高増加でしたので、倍以上になりました。日銀の長期国債購入額は、市中発行額（満期になって償還される分を考慮しないグロスベース）の実に約7割に達しました。

買い入れる長期国債も、満期になって投資家にお金を返すまでの期間（残存期間）が長いものを対象にしました。平均7年程度にしたのです。より長めの金利に低下圧力を加えるスタンスを取ったわけです。

このような大胆な長期国債の買い入れによって、その利回り（名目長期金利）を下げます。一方、2％物価目標を2年程度で達成する決意のもと、踏み込んだ資金供給姿勢を印象づけて人々のインフレ心理を刺激。予想物価上昇率を上げようとしました。結果として、名目長期金利から予想インフレ率を差し引いた実質長期金利は、名目長期金利以上に下がる理屈です。それで企業や個人の経済活動を促し、物価上昇圧力をかけようとしたのです。

当初、量的緩和が「主役」、質的緩和は「脇役」だったが

次に、主役の量的緩和を「脇役」として支えた質的緩和に話を進めましょう。

株式を組み入れたＥＴＦを年間約1兆円、ＲＥＩＴを年間約３００億円のペースで買い、前者の保有残高を2年で2倍以上にすると打ち出しました。

投資家の関心が特に強いのはＥＴＦ買い入れでした。ただ、包括緩和のもとで２０１１年には年間約８０００億円を買ったこともありましたので、年間1兆円という額はそれと比べて大幅に増えたわけではありません。質的緩和を「脇役」と呼ぶ理由ですが、後述するように、ＥＴＦ購入策は、やがてその存在感を拡大させていきます。

以上の量的・質的緩和はどんな結果をもたらしたのでしょうか。

1年目は物価上昇率がスムーズに拡大しました。マイナスだった消費者物価上昇率（生鮮食品の価格動向と消費増税の影響を除く）が、14年4月には1・5％になりました。目標の2％が視野に入りました。

しかし、2年目に入ると逆風が吹くようになります。２０１４年4月実施の消費増税が個人消費に負の作用をもたらし、原油価格の下落も物価の下げ圧力を生みました。

そこで日銀は14年10月、量的・質的緩和を拡大する追加的な対応を決めました。まず「主役」の量的緩和の部分では、マネタリーベースの年間増加額を約10兆～20兆円上積みし約80兆円としました。その実現のため、長期国債保有残高の年間増加ペースも約30兆円増やし約80兆円にしました。購入対象の長期国債の平均残存期間は最大3年長くして、7～10年程度としました。

質的緩和も拡充しました。ＥＴＦとＲＥＩＴの年間購入額は3倍に増やし、それぞれ約3兆円と約９００億円としました。

株価や為替は動くも、物価上昇圧力は強まらず

この追加緩和は大半の市場参加者にとって予想外の決定で、ポジティブ・サプライズ（前向きな結果を生む驚き）となったため、円安・株高が大きく進みました。

ところが、肝心の物価上昇圧力は強まらず、２０１５年春、消費者物価上昇率は何とほぼゼロになってしまいました。「2年で2％」を目指した量的・質的緩和の成果が「2年でゼロ％」だったのです。

その後、再び逆風が強まります。新興国をはじめとする海外経済の減速です。景気が勢い

を失った海外からマネーが日本に向かい、円高圧力を生みました。
円高は輸出企業の銘柄を中心に株安を招き、市場の混乱が実体経済に悪影響をもたらす懸念も強まりました。

量的緩和の再拡大難しく、マイナス金利政策へ

問題は、さらなる量的緩和の拡大が難しくなっていた点です。2014年10月の追加緩和によって日銀の長期国債購入額は市中発行額（グロスベース）の何と約9割に達し、限界が見えていたからです。

そこで、日銀は量的緩和の拡大ではなく金利の引き下げへと軸足を移して、難局を打開しようとしました。

といっても、量的・質的緩和のもと、短期金利は既にゼロ％の下限に近づいていました。例えば、無担保コール翌日物金利は0～0・1％程度での推移となっていました。したがって、さらに金利を下げるには、ゼロ％の下限を突破するしかありません。それがマイナス金利政策の導入だったのです。

具体的には、日銀当座預金の一部の金利をマイナス（マイナス0・1％）にしました。マ

イナス0・1%を適用するのは、日銀による新規の資金供給に伴ってお金が振り込まれる部分が基本。これを政策金利残高と名づけ、マイナス0・1%を政策金利と呼ぶことにしました。

金融機関の側から見れば、マイナスの金利は預けたままにすると利息を取られてしまうことを意味します。そこでマイナス0・1%より少しでも有利な運用先があれば、そちらにお金を振り向けようとします。結果として、コール市場の翌日物金利の下限がおおむねマイナス0・1%になりました。

実際、マイナス金利政策のもと、翌日物金利はマイナス0・1~0%程度での推移となりました。マイナス金利政策導入前は0~0・1%程度でしたので、0・1%分の下方シフトです。

前述の通り、翌日物金利は金利曲線の起点となるので、マイナス金利政策の導入によって金利曲線の起点も0・1%分下がり、マイナス0・1~0%程度になったわけです。結果的に、より長い金利にも下げ圧力がかかりました。

長期金利がいったんマイナス0・3％に

長期金利の低下は日銀の想定以上でした。10年物国債利回りが2016年夏、いったんマイナス0・3％程度まで低下したのです。

背景にあったのは、日銀が必要に応じて政策金利のマイナス幅を拡大する考えを示したことでした。マイナス金利の「深掘り」と呼ばれる対応です。量的緩和の拡大が難しくなったのに対応し、金利面で追加的な政策発動の余地を確保しようとしたのです。

しかし、長期金利の大幅な低下は副作用を生みました。金融機関経営に悪影響が及んだうえに、保険や年金などの資産運用にも負の作用を及ぼしたのです。こうした副作用が世の中に知れ渡り、例えば株式市場では銀行株が売られ、市場心理が悪化してしまいました。

マイナス金利「深掘り」難しく、ETF購入の存在感拡大

こうした状況のもとで、マイナス金利の「深掘り」はよほどのことがない限り切れないカードになりました。量的緩和の行き詰まり打開に向け、金利の引き下げを新たな追加緩和の手段にしようとしたもくろみが外れてしまったわけです。

量的緩和も金利の引き下げも使えないとなれば、3つ目の手段である質的緩和の存在感が拡大するのは自然です。2016年7月、日銀はETFの年間購入額をほぼ倍増させ、約6兆円とする対応を柱とする追加緩和を決めました。

「量的緩和」も「金利の引き下げ」も行き詰まるなか、「脇役」だったはずの「質的緩和」の存在感が一気に拡大した瞬間でした。それは日銀のETF買い入れが急膨張する起点にもなりました。

「金利の引き下げ」や「量的緩和」の行き詰まりへの対応策づくりはさらに続きました。日銀が2016年9月、「長短金利操作付き量的・質的緩和」と呼ばれる新たな枠組みを導入したことです。2つの柱がありました。

第1が、長短金利操作（イールドカーブ・コントロール）の導入です。短期金利だけでなく長期金利（10年物国債利回り）も操作対象とし、その誘導水準を「ゼロ%程度」としました。第2が、「オーバーシュート型コミットメント」。消費者物価上昇率の実績値が安定的に2%の「物価安定の目標」を超えるまで、マネタリーベースの拡大方針を継続するという政策です。

これが「金利の引き下げ」や「量的緩和」の行き詰まりへの対応策としての側面を持って

いるといえるのは、以下の理由によります。

まず、長短金利操作によって長期金利は「ゼロ%程度」に固定されました。マイナス金利政策の導入後、長期金利は一時約マイナス0・3%まで低下しましたが、こうした下がり過ぎが起きないようにしたのです。つまり、長短金利操作は、具体的な数字を示して金利を低位に安定させるという面と同時に、過度の金利低下を防ぐという面も持っていました。

次にオーバーシュート型コミットメントです。一見すると、マネタリーベースを思い切って増やしていく宣言のように読めますが、必ずしもそうではありません。重要なのは、マネタリーベースの「拡大方針」とあるだけで、「拡大」の具体的な数字は書いていなかった点。極論すれば1円でも増えていれば条件はクリアします。

既にさらなる積極的な資金供給の拡大は簡単ではなくなっていました。そこで増加の目標値は曖昧にしつつ、高水準の資金供給量は維持しますと宣言し、世の中の理解を得ようとしたというわけです。

コロナ危機時、ETF購入をさらに積極化

「量的緩和の拡大」や「金利引き下げ」から、ETF購入増額という「質的緩和」へと重点

をシフトする日銀の姿勢が一段と鮮明になったのは、２０２０年春のコロナ危機時でした。約６兆円としていたＥＴＦの年間購入額について、約12兆円という上限を掲げたのです。結局、20年の年間購入額は７兆円を上回り、過去最高に達しました。さすがに株価をゆがめるなどの副作用を軽視できなくなり、21年３月の政策修正で購入を思い切って減らしました。その後、年間の購入額は１兆円を下回る水準で推移するようになりました。

副作用を和らげるための政策の修正は、長期金利操作でも進められ、「ゼロ％」に誘導するとされた長期金利の変動幅は順次拡大されました（図表１–３）。

23年４月に植田総裁が就任した時点で、変動幅は「ゼロ％の上下０・５％程度」となっていましたが、７月にこの変動幅の上限（０・５％）を一定程度上回る金利上昇を容認。別途１・０％の「上限」を設けました。10月にはこの「上限」も「めど」とされ曖昧にされたというのが、基本的な流れです。

金融政策の限界を示した四半世紀

以上、過去25年間の金融政策の流れを、できるだけポイントを絞って振り返りました（図表１–９）。実際には、もっと複雑な変遷を経てきていますが、忙しい読者は以上の大きな流

図表 1-9　日銀金融緩和政策・4半世紀の主な流れ

デフレとの戦いが長期化し複雑になった

	短期金利	長期金利	量的緩和	質的緩和
ゼロ金利政策（1999～2000年）	無担保コール翌日物金利をできるだけ低く	時間軸政策で低位安定促す		
量的金融緩和政策（01～06年）		同上	日銀当座預金残高を増額	
包括緩和（10～13年）	翌日物金利を0～0.1%程度に	時間軸政策に加えて期間1～2年程度の長期国債購入で金利低下促す		ETFやREITを購入
量的・質的緩和開始（13年）		長期国債を年約50兆円購入し、長期金利の低下促す	マネタリーベースを年約60兆～70兆円拡大	ETFやREITの購入増額
量的・質的緩和拡大（14年）		長期国債購入を年約80兆円に	マネタリーベースを年約80兆円拡大	ETFやREITの購入さらに増額
マイナス金利操作付き量的・質的緩和（16年）	日銀当座預金の一部金利をマイナス0.1%に	同上	同上	ETFやREITの購入継続
長短金利操作付き量的・質的緩和（16～24年）	同上	長期金利をゼロ%程度に誘導	マネタリーベースの「拡大方針」示す	同上

（出所）日本銀行公表資料などを基に筆者作成

れを頭に入れておけばいいでしょう。この流れの末に、3月19日の決定があるのです。

短期金利や長期金利の引き下げ、資金供給量の拡大、リスク資産の購入と、様々な工夫を施してきた日銀は、この四半世紀の金融緩和をどう総括するでしょうか。現在実施している金融政策の多角的レビューでその結論を出すはずです。

ひとついえるのは、金融政策の限界を示した四半世紀だったということでしょう。その点は第5章で触れます。

第2章

追加利上げはいつか、金利はどこまで上がるか

マイナス金利政策を解除した日銀は、いつ追加的な金利の引き上げに進み、最終的にどこまで金利を上げるのでしょうか――。本章では、日銀の今後の政策展開について考えていきます。

日銀は2024年3月19日に導入を決めた新たな枠組みで「短期金利の操作を主たる政策手段」とする姿勢を示しました。ということは、日銀の次の一手は、短期の政策金利である無担保コール翌日物金利（翌日物金利）の誘導水準の引き上げになると考えられます。

次の一手は0・25％への利上げに

具体的な水準としては、0・25％程度への引き上げが有力です。

ではその利上げ決定はいつなのでしょうか。この点をめぐって、日銀が3月19日の声明に盛り込んだ次の文章が関心を集めました。「当面、緩和的な金融環境が継続すると考えている」――。

当面は、急激な金利の引き上げはないというメッセージを発したと市場参加者の間で解釈され、マイナス金利解除などの政策修正にもかかわらず、マーケットで株高や円安が進む要因になりました。

まったく利上げしないとは言っていない

しかし、誤解をしてはいけません。日銀は急激な追加利上げの可能性を否定しただけです。当面、まったく利上げをしないと言ったわけではありません。

この点で参考になるのが、内田眞一副総裁の2月8日の講演です。次のように語りました。「仮にマイナス金利を解除しても、その後にどんどん利上げをしていくようなパスは考えにくく、緩和的な金融環境を維持していくことになると思います」。つまり、否定しているのは「どんどん利上げしていく」動きであって、一定程度の利上げはあり得るという認識なのです。それは「緩和的な金融環境の維持」と矛盾しません。

そもそも、3月19日の声明文の「当面、緩和的な金融環境が継続すると考えている」という文章の前に、「現時点の経済・物価見通しを前提にすれば」と記されています。

当面の間も多少の利上げはあり得ますし、「現時点の経済・物価見通し」が変われば、より積極的な金利の引き上げの可能性もゼロではなくなります。日銀のメッセージはそんな解釈ができるようになっているのです。

その点があまり理解されていないことへの対応としてなのか、日銀は4月26日に公表した経済・物価情勢の展望（展望リポート）に「基調的な物価上昇率が上昇していくとすれば、金融緩和度合いを調整していくことになる」と記しました。

4カ月後に利上げに動いた06年の前例

ちなみに、前回の金融政策正常化局面のスタートとなった2006年3月の量的緩和解除決定時、日銀は声明文に次のような考えを盛り込みました。「極めて低い金利水準による緩和的な金融環境が当面維持される可能性が高いと考えている」

「緩和的な金融環境」の前に「極めて低い金利水準による」という文言が入っており、今回の3月19日の声明より表現は強い印象を受けます。つまり、すぐには利上げしないというメッセージ性がより強かったはずです。

それでも日銀は4カ月後の7月に利上げを決めました。今回の追加利上げの時期を占ううえでも一定程度、参考になる話でしょう。

そもそも、日銀がマイナス金利解除などに踏み切った根拠は「2%物価目標の持続的・安定的な実現が見通せた」という点です。「2%物価目標が持続的・安定的に実現した」と判断したわけではありません。

金融政策の枠組み見直しを決めた3月19日の金融政策決定会合後の記者会見でも、植田和男総裁は「2％の目標の持続的・安定的実現の確率という観点で申し上げれば、いつも申し上げてきましたように、まだ100％ではないわけですけれども、だんだん上昇してきて、1月の決定会合から今回に至る間も上昇して、上昇した結果、大規模緩和の解除に必要な、ある種の閾値を超えたということで、今回の判断になったということでございます」と述べていました。

2％実現の可能性「100％ではない」段階で利上げ

なぜ「100％ではない」段階で動いたのでしょうか。植田総裁は3月21日の国会で次のように説明しました。

「もちろん完全に2％を長い期間持続的・安定的に達成したということを見極めてから色々な大規模緩和の措置を終了するという選択も考えられたと思いますが、もしもそういう選択をした場合には物価が2％の上昇率できちんと止まるかどうか、はっきりしないアップサイドのリスクも非常に上がってきます。またそれを抑えるために大規模緩和政策を終了したあとの金利の引き上げというのは非常に急速、大幅なものになる可能性が強まってきます。そういうことがもたらすリスクとの比較衡量の上、今回のような措置、判断をしたということもあります」

一般的に金融政策の効果はすぐに出ないとされます。このため、ある程度先手を打って動かないと手遅れになる恐れがあるのです。後手に回ると、利上げであれ利下げであれ、より大幅な対応が必要になり、結果として経済の振れを大きくしてしまうかもしれないからです。

追加利上げ判断に欠かせない5要素

今回も、そのような発想に基づいて動きました。ということは、2％物価目標の持続的・安定的な実現に本当に至るのかという点の不確実性が、完全には消えていないのです。今後、追加利上げを決めるには、この不確実性がさらに小さくなってきたという証拠を得る必要があります。裏返していえば、2％物価目標の持続的・安定的実現の確度がより高まったと言えるだけの根拠が欠かせないのです。

では、日銀は今後、どんな要素に注目して、持続的・安定的な2％実現の確率が100％に近づいているのかを判断するのでしょうか。日銀内の取材を踏まえると、重要性を持つ要素が主に5つあります。

１つ目が、賃上げの動向です。植田総裁は3月19日の記者会見でこう語りました。「まだ出てきている賃金に関する情報ないし結果はごく経済の一部ですので、それがどれくらい今後広がっていくかというのは、大変貴重な政策を決めるポイントになるかと思います」

「基本給３％増」が本当に実現しそうか確認

春季労使交渉での回答に関する連合の第1回集計はかなり強い数字になりました。とはいえ、それは「ごく経済の一部」であり、実際に高めの賃上げが中小企業も含めた多くの企業で実現するかを今後、確認していくのです。

日銀が重視するのは基本給の底上げを意味するベアの数字であり、２％物価目標の持続的・安定的実現と整合的な水準として「３％」を重視していることは、序章で述べました。春季労使交渉の結果は、今後徐々に実際の賃金に反映されていくはずです。それを点検する際に日銀が注意を払う重要指標のひとつが、厚生労働省が公表する毎月勤労統計です。

同統計のうち、日銀が注意を払うのは、正社員の基本給の動きを反映する一般労働者の所定内給与です。それも同じ事業所の賃金の変化をつかめる「共通事業所ベース」の数値を参考にします。その伸びは現在２％程度。今後「３％」との距離を埋める方向へ動くかは重みを持ちます（図表2−1）。ただ、前述した通り日銀は先手を打って動きますので、3％にならないと利上げしないと決めつけてはいけません。3％になる確度が高まれば動く可能性がある点に留意してください。データは厚労省のホームページで確認できます。

なお賃金に関しては、物価変動を考慮した実質賃金の動きも重みを持ちます。従来、賃金の伸びが物価上昇率に追いつかず、実質賃金がマイナスを続けてきました。これがプラス転換すると、日銀の「賃金観」が変わるひとつの要因になり得ます（図表2−2）。

追加利上げの行方を左右しそうな2つ目の要素に話を進めましょう。植田総裁は3月19日の記者会見で「基調的物価上昇率がもう少し上昇すれば、それはまた短期金利の水準の引き上げにつながるということになるかと思います」という重要な発言をしました。

カギ握るサービス価格の幅広い品目での上昇

「基調的物価上昇率」とは、短期的な変動ではない物価上昇率です。それが上がるためには、高めの賃上げをした企業がしっかりと販売価格に転嫁し、その結果生まれた利益を元手にさらなる高い賃上げをするというサイクルがスムーズに実現することが必要です。これこそ日銀が重んじる「賃金と物価の好循環」です（図表2−3）。

図表2-1　日銀が重視する3%に近づいていくか

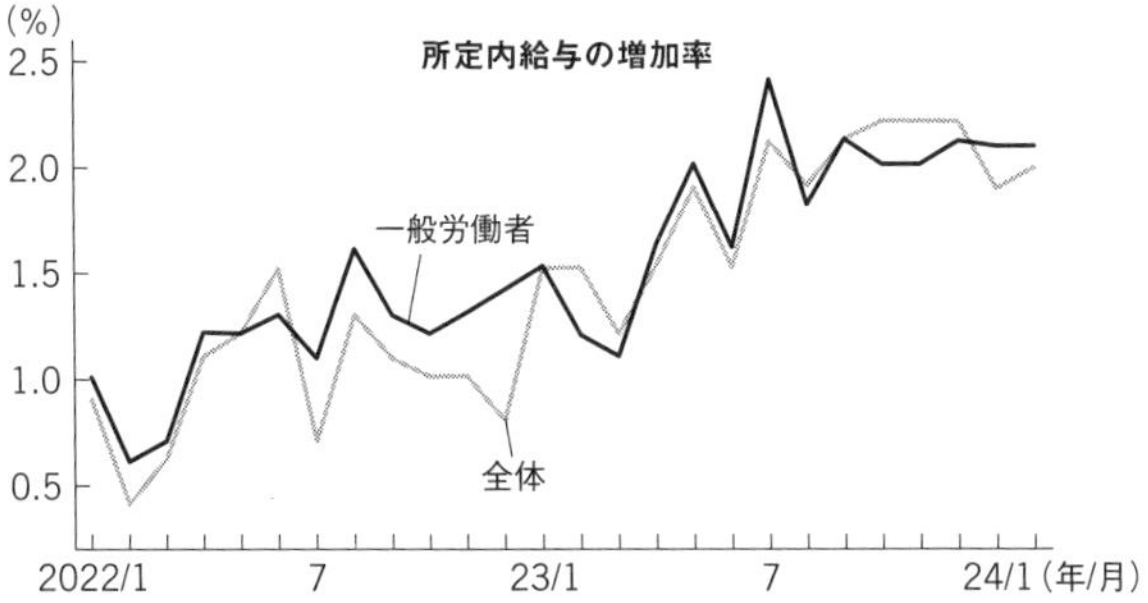

（注）共通事業所ベース、24年2月は速報
（出所）厚生労働省

図表2-2　実質賃金のプラス転換はいつなのか？

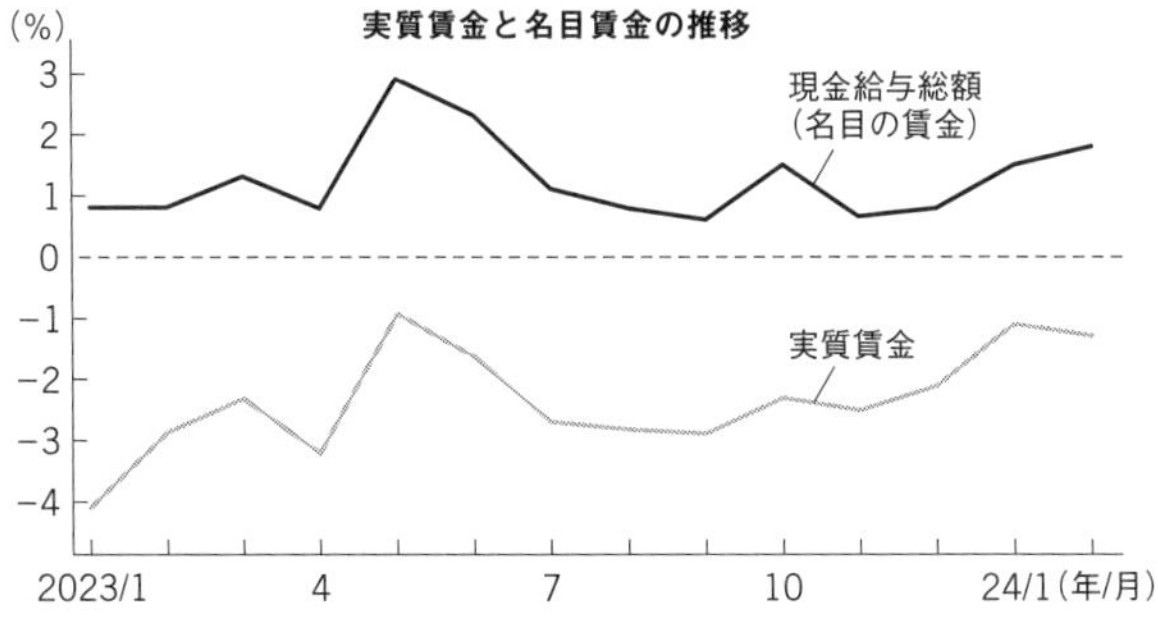

（注）前年比伸び率、24年2月は速報
（出所）厚生労働省

図表 2-3　日銀が目指す「賃金と物価の好循環」のイメージ

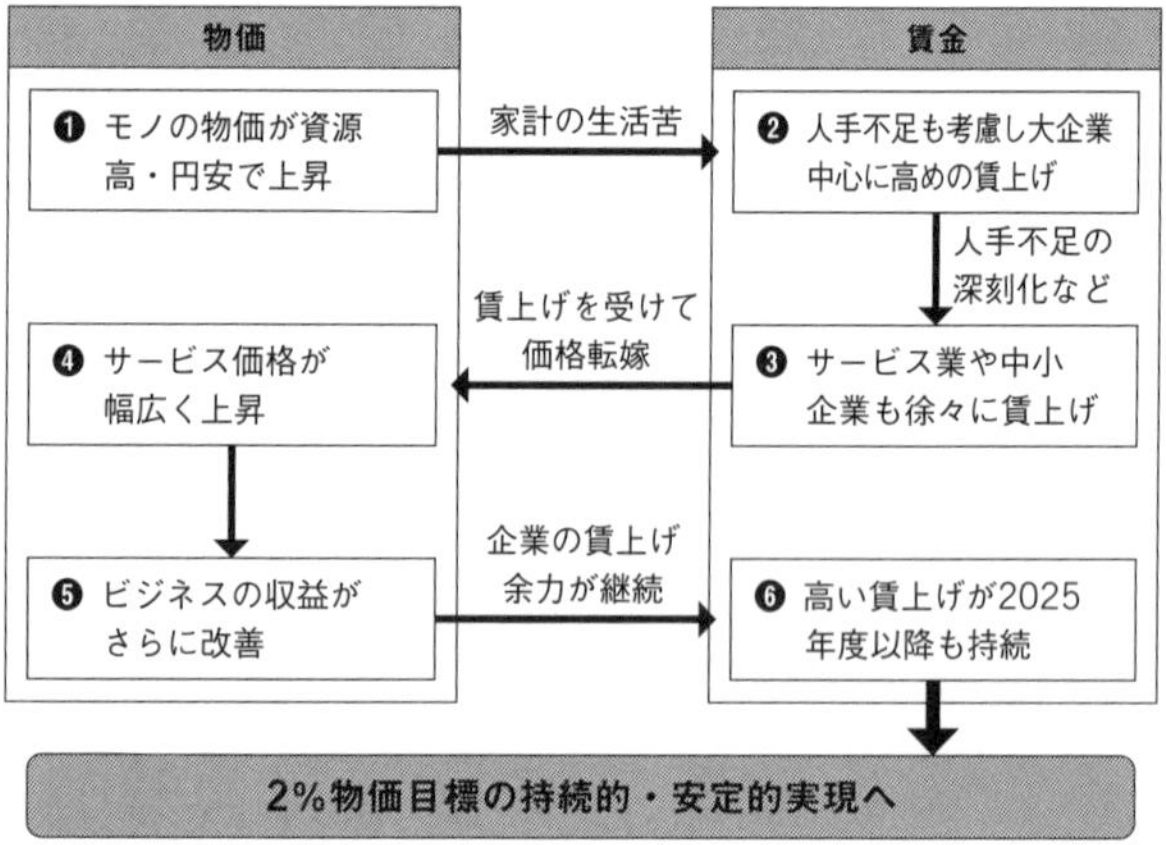
物価
賃金
❶ モノの物価が資源高・円安で上昇
家計の生活苦
❷ 人手不足も考慮し大企業中心に高めの賃上げ
人手不足の深刻化など
❸ サービス業や中小企業も徐々に賃上げ
賃上げを受けて価格転嫁
❹ サービス価格が幅広く上昇
❺ ビジネスの収益がさらに改善
企業の賃上げ余力が継続
❻ 高い賃上げが2025年度以降も持続
2%物価目標の持続的・安定的実現へ

（出所）筆者作成

その点で特に重みを持つのは、賃金との関連性が強いサービス価格の上昇がさらに進むかです。しかも、その上昇が幅広い品目で見られるようになる必要があります。

物価はモノ（財）とサービスに分けられますが、２０２２年以降の物価上昇では、まず輸入物価上昇を背景にモノの物価が先に上がり、遅れてサービスが上昇。徐々にモノからサービスへの主役交代が起きてきました。

このうちモノの価格は原材料費の影響を受けやすいのですが、サービスの値動きは人件費に左右される度合いが大きいのです。したがって、サービスの物価の上昇は、賃上げが進み、それが円滑に販売価格に転嫁されたことを意味します。

既にサービスも2％程度の上昇になってきているのですが、問題は幅広い品目で十分に上がっているわけではない点です。「寄与度分解すると、宿泊料、外国パック旅行費、携帯電話通信料、外食で約8割を占めており、それ以外の品目の上昇は限定的」（みずほリサーチ＆テクノロジーズの河田皓史氏）です。

そうした上がっている品目の上昇も短期的要因や特殊要因が大きいと河田氏は指摘します。まず、宿泊料は円安を背景にした外国人旅行客数の回復、外食は輸入物価上昇による食材価格の上昇がそれぞれ主因です。また、携帯電話通信料は以前の大幅下落の反動、外国パック旅行費は統計作成上の特殊要因によるものというわけです。

今後、サービス価格の上昇が理髪料など他の品目、さらには家賃といった部分にも広がっていくなら、日銀の判断に影響します。これらの動きは、総務省のホームページで確認できます。

予想物価上昇率が2％に向けて上がるかは重要

日銀の追加利上げの時期を左右する3つ目の要素は、予想物価上昇率です。人々は先行き物価がこの程度上がるだろうという予想を持ちます。その数値です。

いうまでもなく、人々の間で2%程度の物価上昇が実現するとの空気が強まっていけば、2%が持続的・安定的に実現しやすくなります。

ではは現状はどうでしょうか。3月19日記者会見で植田総裁は具体的な数字に触れながらこう語りました。

「予想物価上昇率については、例えば5年から10年の期間でということですと、おそらく1%から1・5%の間のどこかにあるということだと思いますけれども、これは長期的に2%が持続的・安定的に実現されるところでは2%に向けてというか、2%になってないといけないということです」

予想物価上昇率を正確に把握するのは簡単ではありませんが、企業経営者、一般の個人（家計）、市場参加者、エコノミストなど様々な人々の予想物価上昇率の調査結果は存在します。特に重要なのが5年あるいはそれより遠い将来にわたって物価がどう推移するかの予想です。短期的な予想はすぐに変わってしまう可能性があり、安定しないからです。

これらのデータのグラフは、日銀が3カ月ごとに公表する経済・物価情勢の展望（展望リポート）・背景説明という資料などに載っていますが、24年1月のそれを見ると、企業経営者

図表2-4　2%に向けて上がっていくか？

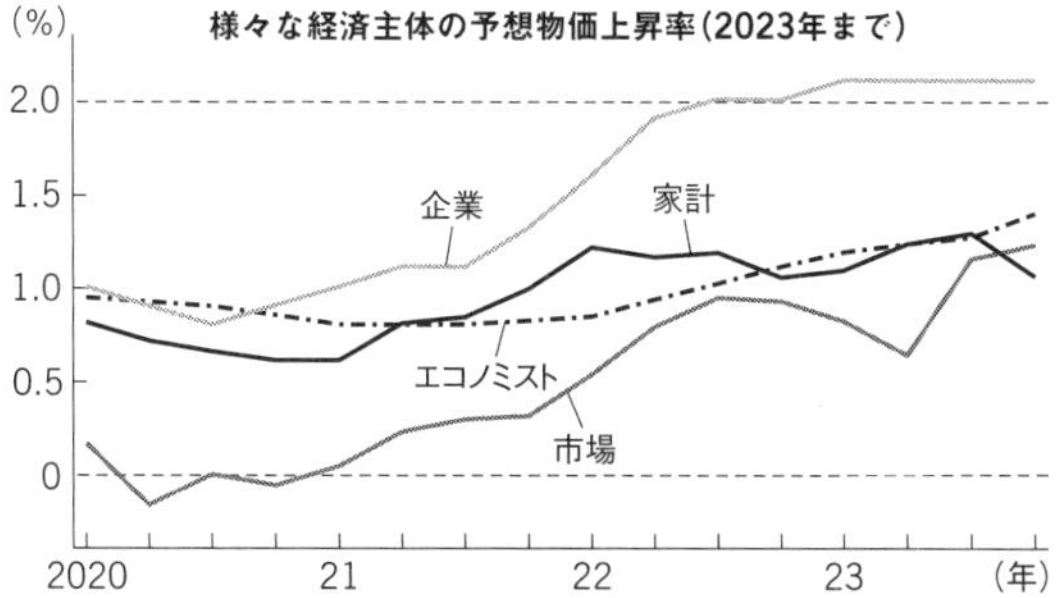

（注）企業（5年後）と家計（今後5年間）は日銀調べ、エコノミスト（7〜11年度先）はESPフォーキャスト調査、市場はブレーク・イーブン・インフレ率（BEI、10年）

は既に2％になっているのに対して、それ以外は植田総裁の指摘通り、「1％から1・5％の間」にあります（図表2―4）。それらが2％とのギャップを埋める方向へと上向いていくのかを日銀は注視するはずです。

消費の回復の遅れは下振れリスクと植田総裁

日銀の出方を占う際に注意を払うべき4つ目のポイントは、景気指標のうち弱さが残っている部分、具体的には個人消費です。3月19日に政策の枠組み見直しを決めたときの声明も、景気について「一部に弱めの動きもみられる」と記され、同日の記者会見で、植田総裁は「消費が思ったようには回復してこないというのが下振れリスクとしてあるかと思います」と説明しました。

せっかく高い賃上げが実現しても、それが消費に向かわないと企業の利益は伸びず、さらなる賃上げに結びつくサイクルが円滑に実現しません。利上げをしにくくする要因になります。

政府や日銀が公表する各種の消費関連統計の内容は新聞などでも報道されるので、注意を払っておくといいでしょう。

利上げを早めるかもしれない円安

5つめの要素として、為替市場での円安も日銀の判断を左右しそうです。原則論をいえば、日銀は円相場をターゲットとして政策を運営するわけではありません。為替政策は財務省の所管であり、円相場の下落に対しては、まずは政府が円買いの為替介入を実施するのが本来の姿でしょう（為替介入は日銀が実行部隊となりますが、その決定は政府が下します）。とはいえ、介入がどの程度効果を発揮するかは不透明ですし、植田日銀総裁も「（円安が）私どもの経済・物価見通しに大きな影響を及ぼすということになってくれば、それは当然金融政策としての対応を考えていくということになるかと思う」（3月19日の記者会見）と述べています。

円の下落が追加利上げにつながるケースは、２つ考えられます。まず、円安による輸入物価の上昇が国内の物価や人々の予想物価上昇率に上げ圧力をかけ、２％物価目標の持続的・安定的な実現の確度を高める展開になる場合です。

22年以降の物価情勢を振り返ると、先行したのは、資源高や円安によるモノを中心とした物価高でした。これは従業員の生活苦に配慮した企業による賃上げにも結びつき、日銀が言う「第1の力」は一定の効果を生みました。

その後、コストプッシュ型のモノの物価上昇圧力は次第に後退する一方、サービスの価格が一部の品目を中心に上がり始めました。背景には、上述した短期的要因や特殊要因がありましたが、人手不足にも直面する企業が賃上げをさらに進めるようになり、賃上げ分がサービス価格に転嫁された面もありました。日銀が言う「第2の力」の効果波及です。

そこで、物価上昇は「モノからサービスへの主役交代」の局面になってきたとも指摘されていましたが、最近の円安を受け再びモノの価格上昇圧力が強まり、「モノもサービスも上がる」局面へとシフトする可能性も出てきています。それが本格化するなら、日銀の物価見通しが上振れ、追加利上げに結びつく展開もあるかもしれません。

円安による輸入物価上昇が人々の長期の予想物価上昇率を大きく上げる場合も、日銀が重視する基調的な物価の上昇を招き、追加利上げの必要性を上げる要因になり得ます。

円安が追加利上げをもたらすもうひとつのケースは、円の過度の下落による物価の高騰が人々の生活を苦しくして、日銀に対応を望む声が政府や政界のほか一般の人々の間でも強まった場合です。追加利上げは金利面での円の魅力を高め、円売りを抑える効果が多少なりとも期待できるとの見方が世の中で強まった場合、日銀としても無視しにくくなるかもしれません。円の下落に歯止めをかける「通貨防衛」的な性格も持つ利上げを迫られるシナリオも、無視はできないのです。

10月までのどこかでの追加利上げ決定に要注意

実際に日銀が追加利上げを決めるのはいつでしょうか。

賃上げの広がりなど5つの要素を分析する日銀の作業はすぐに終わりそうにはなく、マイナス金利解除から半年くらいかけても不思議はありません。そこで、9月19〜20日の金融政策決定会合あるいは10月30〜31日の会合で利上げを決めるという見方が出ています。

日銀の分析作業に一定の時間がかかる理由は、例えば新年度の賃金改定を4月にすぐにやる企業の比率は高くないことです。その割合は、5月にほぼ6割台になり、7月には8割を超えるようです。春季労使交渉で高めの賃上げを回答した企業であっても、実際に賃金を上げるのは夏場にかけてという話なのです。

これに対して、賃上げの状況を確認するデータとなる毎月勤労統計（速報値）の発表日程は、5月分が7月8日、6月分が8月6日、7月分は9月5日、8月分は10月8日です。賃金が幅広い企業で上がった事実を夏場にかけての統計発表で確認。さらにその販売価格への転嫁もなされたかを物価統計や聞き取り調査でチェックしたうえで、日銀が追加利上げを9月や10月の決定会合で決めるシナリオはあり得るわけです。

9月や10月の決定会合まで待てば、4～6月期の国内総生産（GDP）統計で消費の動向もチェックできます。

ちなみに、9月と10月の会合のうち、10月は日銀が経済・物価情勢の展望（展望リポート）を公表し、経済・物価見通しの数値を更新します。こうした機会に利上げを決めた方が説明責任を果たしやすい面はあり、仮に日銀がその点を考慮するなら9月より政策変更の可能性が高くなるかもしれません。ただマイナス金利の終了が見通しの更新がない3月会合で決まったように、見通しの更新は不可欠ではないこともよく頭に入れておくべきです。

また、物価情勢が想定より強くなったり、円安が急速に進んだりすれば、追加利上げが早まる展開にも注意が必要になります。7月30～31日の会合、あるいは6月13～14日の会合で決まる可能性も排除できなくなるかもしれません。7月は見通しの更新があります。

なお、政治的な状況も日銀の政策決定の時期を左右し得る要素です。例えば国政選挙の直前に日銀は政策を動かさないのが普通ですので、岸田文雄首相がいつ衆院の解散・総選挙に踏み切るかに日銀も注意を払うでしょう。

4月28日の3つの衆院補欠選挙で自民党はひとつも勝てませんでした。岸田首相はなおも6月の衆院解散を模索するとの情報もあり要注意ですが、それが難しくなるなら、9月の自民党総裁選を経て、新しい首相のもとで10月から11月に総選挙をするシナリオも現実味を増しそうです。そうなると、10月に日銀が動くのは難しくなるかもしれません。

いずれにせよ、追加利上げの時期を現時点で決め打ちするのは適切ではありません。経済・物価情勢や市場環境、さらには政治の動向次第では10月より後になる展開もあり得ますので、予断を持たずに、日銀の判断を左右する各種要素に注意を払っていく姿勢が大切です。

追加利上げ時期は変動金利型の住宅ローンを借りている人にとって重要な意味を持ちますので、第3章で改めて触れます。

当座預金の金利を上げて翌日物金利を誘導

ところで、日銀が今後、翌日物金利の誘導水準を上げる利上げを決めた場合、具体的にどうやって金利を高めに誘導するのかを、説明しておきましょう。

昔であれば、短期金融市場（1年未満の資金を金融機関が融通し合う市場）から資金を吸収することで、翌日物金利を上げる手法を取ったのですが、異次元緩和による資金供給を続けた結果、世の中に出回るマネーは、ジャブジャブと言っていい状態になっています。短期の資金をちょっとやそっと吸収しても、翌日物金利を高めに誘導するのは難しいでしょう。

だからといって、保有している長期国債を債券市場（主に期間1年以上の長めの資金をやり取りする場）ですぐに思い切って売るわけにもいきません。翌日物金利だけでなく長期金利までが跳ね上がってしまう恐れがあるからです。既に述べた通り、日銀は当面、従来と同程度の長期国債を買い入れ、その保有残高をおおむね横ばいに維持する姿勢です。

そこで、金融機関が日銀に持つ当座預金（日銀当座預金）に積まれたお金のうち、大部分を占める超過準備という部分にかかる金利（付利）を上げていくやり方を取るのです。

超過準備について説明しておきましょう。日銀当座預金に積まれるお金（準備預金）は、積むことを求められる部分（所要準備）とそうではない部分（超過準備）に分かれます。

前者はいざというときのために一定のお金を準備しておくよう義務づけられた部分であり、ここの金利はゼロです。一方、超過準備には2008年10月に0・1％の金利がつくことが決まりました。金利の部分は付利と呼ばれます。

08年に、この付利制度を導入した背景には、将来の金融正常化のときにこの仕組みが必要になるとの判断もありました。

利上げはどこまで進むのか

さて、日銀の金融政策を巡って、次にいつ動くか、という点と並んで関心を集めるのが、日銀が金利を何％まで上げるかです。

金利が大きく上がれば、巨額の国債を発行する国の財政や、お金を借りてビジネスをする企業の経営にも大きな影響を及ぼします。関心を集めるのは当然です。

もちろん、「人生最大の借金」となるケースが多い住宅ローンの借り手を中心に、一般の個人も強い関心を持つべき話です。第3章で詳しく述べますが、どこまで金利が上がるかは、住宅ローンを変動金利型と固定金利型のどちらで借りるべきかを考える際に決定的に重要なポイントにもなります。

いうまでもないのですが、金利の到達点について「確実にこうなる」というストーリーを語るのは不可能です。ただし、いくつかのシナリオを示し、それぞれの確率の高低を考察することはできます。もちろん、その可能性は現時点での判断に基づくものですが。

25年末までの利上げ到達点のシナリオ分析

ここでは、想定外の危機（金融危機、自然災害、戦争など）がない場合に想定し得る25年末までのシナリオとして以下の4つを挙げます。なお最初の追加利上げは金利を0〜0・1％程度から0・25％程度に上げる形となりますが、2回目以降の利上げ幅は0・25％とします。

シナリオA：追加利上げはゼロ〜1回、金利は上がっても0・25％程度まで（確率10％）
シナリオB：追加利上げは2〜3回、金利は0・5〜0・75％程度に上昇（確率60％）
シナリオC：追加利上げは4〜5回、金利は1〜1・25％程度に上昇（確率20％）
シナリオD：追加利上げは6回以上、金利は1・5％程度以上に上昇（確率10％）

４つのシナリオの確率に関する考え方は後述しますが、最も可能性が高いメインシナリオはB、次のサブシナリオはC、AとDは可能性が低いものの注意は必要なリスクシナリオという位置づけです。

以上は、あくまで25年末までの見通しです。したがって、必ずしも金利引き上げのゴールとは限らず、より長い時間軸の話になればもっと様々なシナリオがあり得る点は、指摘しておきます。

中立金利とは何か

４つのシナリオについて説明する前に、中立金利という概念について解説しておきましょう。この考え方を基に日銀が２％程度まで利上げするといった解説が、時々聞かれるからです。

中立金利とは、経済を刺激することも冷やすこともない名目金利です。日本経済が安定的に推移するなら、短期の政策金利のこのくらいまでの上昇が理屈のうえであり得るという水準です。

ちなみに、中立金利は、自然利子率（物価変動を考慮した実質ベースの中立金利）に、持続的・安定的に実現する物価上昇率を上乗せしたものとされます。そして、自然利子率は、日本経済の実力を反映する潜在成長率をやや下回る水準とも指摘されています。

では潜在成長率はどの程度なのでしょうか。日銀は「ゼロ％台後半」と推計しています（2024年4月時点）。自然利子率はそれをやや下回る水準という見方に基づき、専門家の間では小幅なプラスとの指摘も聞かれます。

そして日銀が目標とする消費者物価上昇率2％が持続的・安定的に実現すると仮定すると、小幅なプラスに2％を上乗せした2％台前半が中立金利のめどになります。そこで2％程度までの利上げがあり得るという議論が出てくるわけです。

自然利子率は明確ではない

以上が一応の理屈になるのですが、実は自然利子率の具体的な水準はあまり明確ではありません。

植田日銀総裁も3月19日の記者会見でこう語っていました。「実質の中立金利は何％かといわれますと、これは中央銀行の総裁はよく国際的に集まりますが、みんな2時間、3時間話をしてもなかなか答えが出ないというか、幅のある範囲でしか決まらないというくらい、なかなか特定しにくいものです」

そもそも、先ほど紹介した日銀推計の潜在成長率についても、日銀自身が「相当の幅を持ってみる必要がある」とクギを刺しています。となると、それをやや下回る水準とされている自然利子率も「相当の幅を持ってみる必要がある」わけです。

「相当の幅」とはどのくらいでしょうか。「日銀が持つイメージを知るヒント」（複数のＯＢ）が２０２３年12月上旬に出ました。日銀企画局作成の資料に載った「わが国の自然利子率」と題するグラフです。

何人かの専門家の推計値を集めたもので、直近では最低マイナス１・０％程度、最高プラス０・５％程度です。今後２％の物価目標が持続的・安定的に実現するなら、これに２％を上乗せした1～２・５％程度が中立金利の目安になります。これほどの幅がある話なのです（図表２−５）。

この1～２・５％という水準と比べて、筆者が先に示した25年末までのシナリオの想定は低めです。なぜそうなのかにはいくつか理由がありますが、ひとつ指摘しておくべきなのは、日銀のマイナス金利解除が「見切り発車」的な性格を持つ点です。どういうことでしょ

図表2-5　現実味がある？　ない？

日本の中立金利の推計値

自然利子率＝マイナス1.0～プラス0.5%程度？

↓

目標とする物価上昇率＝2%

↓

中立金利＝両者を足した1.0～2.5%程度？

（出所）筆者作成

うか。

既に述べた通り、日銀がマイナス金利解除などに踏み切ったのは「２％物価目標の持続的・安定的な実現が見通せた」からであって、「２％物価目標が持続的・安定的に実現した」からではありません。

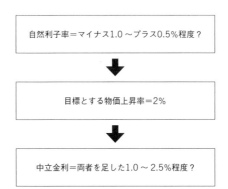

３月19日の記者会見で、植田総裁が「２％の目標の持続的・安定的実現の確率という観点で申し上げれば、まだ１００％ではない」と語ったことや、そうした状況でマイナス金利を解除した理由は既に述べました。

したがって、最低マイナス１・０％程度、最高プラス０・５％程度の範囲にあると見られる自然利子率に単純に２％を上乗せして金利のゴールを計算するのは、現時点では現実的とはいいにくいのです。

欧米と異なり2％になっていない予想物価上昇率

2月8日の講演で、内田日銀副総裁もこう語っていました。

「わが国の状況を欧米のアナロジー（類推）で考えることには少し無理があります。（中略）『中長期的な予想インフレ率』が2％でアンカーされている欧米とは異なり、わが国では、まだ2％に向けて上昇していく過程にある、という違いもあります」「そのことは、予想インフレ率を押し上げるために、また、予想インフレ率が再び下がってしまうリスクも意識しながら、緩和的な政策を行う必要があることを意味します」

要するに、日本人は本当の意味で中長期的に2％が持続すると考えるには至っていないというのです。2％の持続性に不安も残っている状態です。門間一夫元日銀理事（みずほリサーチ&テクノロジーズのエグゼクティブエコノミスト）は、これを「グレーな2％実現」と表現します。

仮に2％の物価上昇率が中長期の期間にわたって持続的・安定的に実現するなら、人々は「2％程度の物価上昇は当たり前」という物価観を持つはずです。これについては物価2％がノルム（社会的規範）になったといういい方をします。門間氏は「クリーンな2％実現」と表現します。2％物価目標が明確に実現したといった意味です。そうした状況なら、中立金利は1～2・5％程度の幅になるでしょう（マイナス1％～プラス0・5％程度と見られる自然利子率に持続的・安定的に実現する物価上昇率2％を上乗せした水準）。

しかし、実際には日本の物価のノルムがまだ2％にはなっていないなかで、マイナス金利が解除されました。これが「見切り発車」的と書いた理由です。

したがって、25年末までに日銀の政策金利が1・5％程度以上に上がるシナリオDの蓋然性は今は高いとはいいにくいですし、1・0～1・25％程度に達するCも、現時点ではメインシナリオにしにくいのです。

一方で、物価2％がノルムにはなっていないものの、2％が「グレー」な形とはいえ実現している以上、Aも蓋然性があまり高いとは見なしにくいでしょう。過度の円安が進んだ場合の「通貨防衛」的な性格も持つ利上げに追い込まれる可能性も無視はできず、利上げが1回までにとどまるというのは少なすぎる印象があります。

そこで、メインシナリオがBの0・5～0・75％程度までの利上げ、サブシナリオはCの1・0～1・25％程度までの利上げという話になります。

過去四半世紀以上1％台の前例はない

では、Cの可能性がBより低いと考える理由は何でしょうか。それは、過去四半世紀以上、日本の政策金利が1％の大台に乗ったことはないという事実です。

過去四半世紀の最高水準は、07年に到達した「0・5％前後」です。だから「0・5％の壁」は絶対に突破できないと断言するのは言い過ぎだと考えますが、もう一段高い「1％の大台」に乗るハードルはそれなりに高いものとして意識されるでしょう。

07年に「0・5％前後」への利上げを実現した当時の総裁、福井俊彦氏は、後述する通り、内心「1％」を目指していましたが、そこに至ることはできませんでした。

ただし、既に紹介した予想物価上昇率が、企業だけでなく、一般の個人（家計）、市場参加者、エコノミストのものも含めほぼ2％程度にそろってくる状態になれば、話は違ってきます。より高い水準への利上げが実現する可能性が高まるからです。日本人の物価に関するノルムが本格的に転換しそうになるなら、現在はサブシナリオであるCやリスクシナリオであるDの確率を上げる形で筆者の利上げシナリオも修正することになるでしょう。

危機発生など想定外の事態なら緩和に逆戻りも

なお、改めて述べますが、紹介したシナリオは、想定外の事態（金融危機、自然災害、日本周辺での戦争など）にならないことを前提にしたものです。そうした展開になった場合には、利上げがあまり進まなかったり利下げといった緩和策を迫られたりする可能性がある点も、付記しておきます。現在はリスクシナリオであるAの確率が上がるという話でもあります。

さて、様々なシナリオについて述べてきましたが、植田総裁自身は、内心どこまで利上げできればいいかという目標のようなものを持っているのでしょうか。

もちろん、公式の席でそう聞いても、はっきりとした答えは返ってこないでしょう。ただ、金利の引き上げを手掛けた過去の日銀総裁のなかには、公言はしないものの、政策金利をここまで上げたいという目標を意識していた人がいたという興味深い事実があります。

日銀の内部文書に記された過去の総裁の利上げゴール

具体的に言うと、三重野康総裁（在任期間1989〜94年）は5％、福井俊彦総裁（同

図表2-6　歴代総裁が意識していた利上げゴール

▼三重野康氏（1989〜94年、6.0％）
「5％まではなるべく早く上げようと思っていたから、そういうことは公言はしていなかったが、腹のなかではそう思って（いた）」「5％を、ちゃんと理論的に言えといわれても、だめだ」「みんな腹の中ではそんなに違った感じは持っていなかった」
▼福井俊彦氏（2003〜08年、0.5％）
「1％というのは金利機能が働く最低レベルの金利で、それ以上低いと、金利機能は十分働かないという意識があった」「仮にもっと状況が悪くて、量的緩和に戻るにしても、戻る距離が近いから容易に戻りやすいという意味で、1％というのは何となく頭の中から離れないでいた」

（注）カッコ内は総裁在任期間と実際の利上げ到達点（三重野氏は公定歩合、福井氏は無担保コール翌日物金利）
（出所）日本銀行金融研究所作成のオーラルヒストリー

２００３〜08年）は少なくとも１％を目指していたといいます（図表２-６）。

その根拠となるのは日銀の内部文書です。日銀金融研究所が本人にインタビューをしてまとめたオーラルヒストリー（口述回顧録）です。情報公開法に基づく筆者の請求に応じて、日銀が開示しました。

目標の根拠について三重野氏は明確なことを語っていませんが、福井氏は１％を「金利機能が働く最低レベルの金利」と見ていたなどと語っています。

それぞれの目標は達成されたのでしょうか。三重野氏は目標を超える６％への利上げを実施。当初、バブル退治と称賛する声もありましたが、やがて株価や地価の下落が進むと世の中の評価は厳しくなりました。

福井氏は06年にゼロ金利を解除した後07年に「０・５％前後」まで金利を上げましたが、世界経済を混乱させた米住宅バブル崩壊への流れのなかで、その先には進めませんでした。ただ前述した通り、「０・５％前後」は今世紀に入ってからの政策金利の最高記録です。

植田総裁は利上げのゴール意識するか

現総裁の植田氏が何らかの利上げゴールを意識するのかという点について、日銀ＯＢに聞いてみました。

「様々な情勢変化で変わってしまうものですから、目標のようなものを心の中に描いてもあまり意味はありません。植田氏もそう考えているのではないでしょうか」と語るのは、前出の門間一夫・元日銀理事。一方、「実現するとは限りませんが、セントラルバンカーであれば、中立金利をおおまかなゴールのようなものとして意識するでしょう」（元日銀金融研究所長の関根敏隆一橋大教授）との指摘も聞きました。

果たして２０２８年に植田総裁の任期が終わるとき、政策金利は何％になっているのでしょうか。

第3章
住宅ローンではどう対応すべきか

日銀が17年ぶりの利上げとなるマイナス金利政策の解除に踏み切ったことで、住宅ローンの利用者はどういう影響が出るか一段と気にしていると思います。

いま住宅ローンを借りている人の多くは、変動金利型で借りていると思います。低金利で人気を集めてきたからです。結論からいえば、変動金利型で既に借りている人の毎月の返済額がすぐに増える展開にはならないでしょう。ただ、これから借りる人には違った影響が出てくる面もあります。

住宅ローン金利には固定と変動が

まず住宅ローンについて基本的な事項を確認していきます。金利タイプの解説から始めましょう。

借りている間に金利が変わり得る変動金利型と、借りたときの金利が全期間あるいは一定期間（10年など）維持される固定金利型があります。変動型の金利は日銀による短期の政策金利の操作に影響を受けやすいのに対して、固定型の金利は長期金利（国債の利回り）に左右されます。長期金利の動きは短期金利が将来どうなるかの人々の予想に左右されますので、固定型の金利は変動型の金利に先行して動く傾向があることも知っておいてください。

ただ、変動型に関する今の説明には留意すべき点があります。まず借りた後の金利が毎月変わるかといえば、普通はそうではありません。変更があり得るのは半年ごとというのが、一般的です。また、日銀の政策金利の影響を受けやすいといっても、常に連動するわけではありません。今回のマイナス金利解除でも金利の引き上げは広がりませんでした。

さて、以下では現在圧倒的な人気（銀行にもよりますが金額ベースでは新たに融資する分の9割前後が変動金利型という例も少なくありません）になっている変動金利型のローンを中心に説明していきましょう。

一般に金融商品は、人気を集めれば集めるほど金融機関どうしの競争も激しくなり、商品内容が顧客に有利になる傾向があります。そうするとさらに人気が集まるという循環が形成されます（顧客にとっては好循環ですが）。今の変動型住宅ローンにもそれがいえます。

筆者がファイナンシャルプランナーの資格（ＣＦＰ）を取った15年くらい前は、住宅ローンといえば10年固定型が主力商品で、それゆえに10年固定の金利は顧客にとって有利な水準になっているといわれていました。今はそれが変動金利型ローンになっているという話です。

既に借りている人の返済負担はすぐに増えない

既に変動型ローンを借りている人にとっての最大の関心事は、日銀の17年ぶりの利上げで毎月の返済額が増えるのかという点でしょう。安心してください。多くの金融機関では、毎月の返済額がすぐに増える現象は起きないようになっています。

というのも、変動ローンのうち、利用者が多い元利均等返済型の商品では、毎月の返済額を5年間は変えないという「5年ルール」を採用している金融機関が多いからです（採用していない銀行もあります）。

元利均等返済とは、元金部分と利息部分を合わせた返済の支払額を一定にする返済のやり方です。これに対して、元金部分を一定にして、金利部分の返済は変動する方法を元金返済型と呼びます。普通は元利均等を選ぶ利用者が多く、借り入れからそう時間がたっていない人であれば、金利が上がっても毎月の返済額自体は変わりません。

もちろん、借りてから5年過ぎた人であれば金利の上昇によって返済額が増える結果につながることがあり得ますが、それでも多くの銀行では別途用意されている「125％ルール」によって、大幅には増えにくい仕組みになっています。これは、5年後の返済額の増加は

25%までにするものです（このルールも採用していない銀行もあります）。

というと、次のような心配をする人がいるはずです。返済額自体は増えなくても、金利が上がれば元利均等の返済に占める利払い部分の比率が上がり、元本が減りにくくなるのではないかという点です。

確かにそうした注意は必要です。

マイナス金利解除は変動金利上昇を招きにくい内容に

ただし、今回のマイナス金利解除後、既に変動金利型ローンを借りている人にとって重要な基準金利の引き上げが、多くの銀行にすぐに広がる展開にはなりませんでした。背景には、今回の解除が、変動ローンの基準金利引き上げに結びつきにくい形で決まったという事情があります。日銀がそう配慮したともいえます。

以下でその点について詳しく説明していきますが、まず基準金利について解説しておきましょう。

基準金利とは、文字通りローン金利の基準となるもので、店頭金利と呼ぶこともあります。今の住宅ローンは、この基準金利から競争環境や顧客の信用度を考慮して決めた優遇幅

図表3-1　変動型住宅ローン金利の決まり方

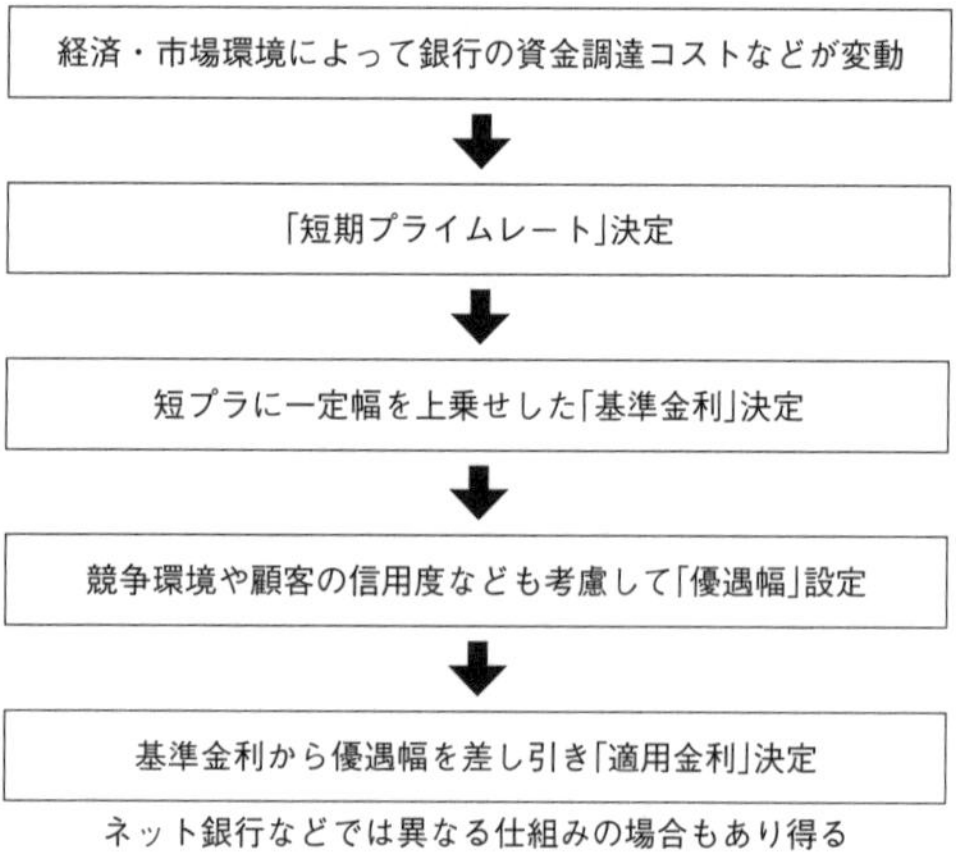
経済・市場環境によって銀行の資金調達コストなどが変動
「短期プライムレート」決定
短プラに一定幅を上乗せした「基準金利」決定
競争環境や顧客の信用度なども考慮して「優遇幅」設定
基準金利から優遇幅を差し引き「適用金利」決定
ネット銀行などでは異なる仕組みの場合もあり得る

（出所）筆者作成

を引いた水準（適用金利）で貸すのが一般的です。もっとも、既に借りている人の優遇幅は当初借り入れたときの水準が変わらないのが普通です。このため、既に借りている人が注意を払うべきなのは、基準金利の動きになります。

　では変動型ローンの基準金利はどう決まるのでしょうか。短期プライムレート（短プラ）と呼ばれる1年未満の貸し出しの基準金利に一定幅を上乗せしたものになるケースが一般的です（図表3-1）。

　ネット銀行などで違った方式をとっている事例もありますので個別に確認した方が無難ですが、多くの銀行では短プラの動きが重みを持ちますので、既に借りている人はそれに注意を払うべきです。

マイナス金利解除直後、短プラ上げは広がらず

今回のマイナス金利解除を受け、銀行の間に短プラ引き上げがすぐに広がることはありませんでした。結果として多くの銀行では、変動型ローンの基準金利も据え置かれました。

背景には以下のような事情があります。実は短プラ（本書で引用する短プラは最も多くの銀行が採用している最頻値として日銀が公表している水準です。必ずしもすべての銀行が使っているものとは限りません）は、2016年のマイナス金利政策導入時に下がらなかった経緯があるのです（図表3-2）。したがって、逆にマイナス金利が解除されても上がらない可能性が指摘されてきました。実際にその通りになりました。

とはいえ、マイナス金利解除後も絶対に短プラが上がらないとは言い切れませんでした。短プラ引き上げが多くの銀行に広がる事態の回避のためには、2つの条件が満たされる必要がありました。

①日銀の政策金利となった無担保コール翌日物金利（翌日物金利）が0・1％を超えない、②解除後に過度の金利先高観が広がり3カ月物などのより長い短期金利に強い上昇圧力

図表3-2　最後の低下は0.1%前後への日銀利下げの後

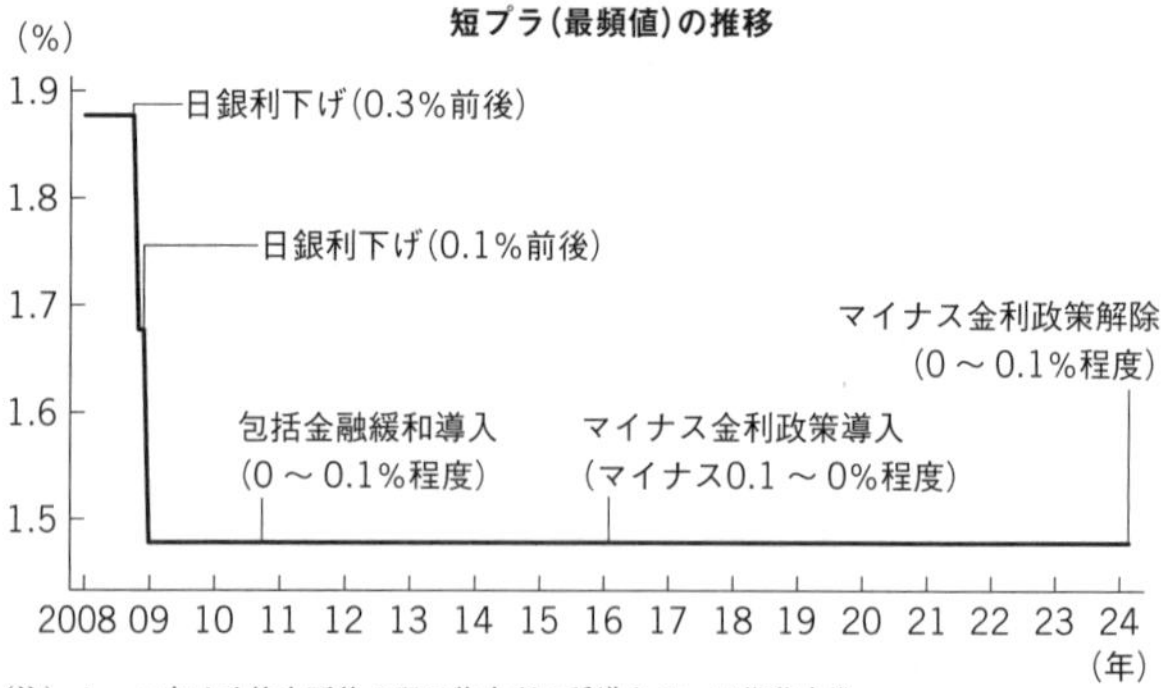

（注）カッコ内は政策変更後の翌日物金利の誘導あるいは推移水準
（出所）日本銀行

がかかる事態にならない——です。

今回の日銀のマイナス金利解除は、この2つの条件を満たす形で決まりました。したがって短プラや変動金利の基準金利はすぐに上がりにくかったのです。

なぜ、翌日物金利が0・1%を超えない点が重要なのでしょうか。その理由を理解するには、短プラが最後に下がったのがいつなのかを知る必要があります（図表3-2）。それは09年の初めでした。日銀が政策金利の翌日物金利の誘導水準を0・3%前後から0・1%前後に下げた後です。

したがって、逆に言うと翌日物金利が0・1%を超えて上がっていくなら短プラ引き上げが広がる可能性もありました。しかし、3月19

日のマイナス金利解除決定で翌日物金利の誘導水準は0～0・1%程度とされ、0・1%を超えないようにされました。短プラが上がらない第1の条件は満たされました。

もちろん、翌日物金利の上限を0・1%とする歯止めをかけても、日銀が追加的な利上げを急速かつ大幅に進めるとの観測が広がれば、3カ月物などのより長めの短期金利が上がり短プラに影響を及ぼしかねませんでした。上述した第2の条件に関係する事柄です。

しかし、日銀はマイナス金利解除の決定時の声明文で「当面、緩和的な金融環境が継続すると考えている」との考えを示しました。結果として、過度の金利先高観の強まりで3カ月物などの金利上昇に拍車がかかる現象は起きませんでした。

以上、マイナス金利が終了しても、短プラや変動ローンの基準金利が多くの銀行ですぐに上がらなかった理由を説明しました。

短プラ連動ではない銀行も

もっとも、留意してほしい事項が4つあります。

まず、先ほど書いたように変動ローンの基準金利を短プラに基づかない方式で決めている事例が、ネット銀行などにあります。となると、マイナス金利解除後、基準金利を上げる可能性もあったのですが、実際、一部にそうした動きが出ました。

また、マイナス金利解除に伴う短プラ引き上げが回避された理由の2つ目（日銀の情報発信により過度の金利先高観が広がらなかったこと）については、今後状況が変わることもあり得ます。急激な円安など何らかの事情を背景に、日銀による早期の追加利上げが意識されるなら、金利の先高観が強まりそうです。3カ月物などの金利上昇圧力も強まり、次の利上げを待たずに短プラや基準金利の引き上げが広がる可能性もゼロではありません。

さらに、前述した通り、住宅ローンは基準金利ではなく、そこから優遇幅を差し引いた金利（適用金利）で貸すのが普通です。

基準金利が上がらなくても、マイナス金利終了に伴って優遇幅が縮小し、適用金利が上がるケースが出てきても不思議ではありませんでした。実際に、一部にそうした事例が出ました。ただし、これも繰り返しになりますが、既に借りている人の優遇幅は当初の水準が返済終了まで維持されるのが普通ですから、適用金利が上がり得るのは新たに借りる人のみでした。

追加利上げ局面では適用金利上昇の可能性

しかしながら、既に借りている人にも、注意してほしい点があります。マイナス金利が終わった後の追加的な金利引き上げ局面では、基準金利上昇により適用金利が上がり得るのです。

もちろん、前述した5年ルールによって毎月の返済額そのものが増える結果につながる人はそう多くはないかもしれないですが、金利が上がれば、毎月の返済に占める利払い部分の比率が上がります。最終的に返し終えるまでの総返済額も増えます。

前述の通り、短プラが最後に下がったのは、2009年に日銀の翌日物金利誘導水準が0・3%前後から0・1%前後に下がった後です。したがって、マイナス金利を解除した後の追加緩和で、翌日物金利が0・1%を超えて上がっていけば短プラが上がっても不思議はありません。第2章で述べた通り、マイナス金利解除後の利上げで翌日物金利は0・25%に上がりそうです。「短プラ引き上げ↓住宅ローンの基準金利引き上げ」という展開になる可能性に注意が必要です。

年内の利上げによる返済への影響が出るのは翌年か

「次の利上げ」の時期に関するシナリオは第2章で述べた通りです。

では、仮に0・25％の追加利上げが決まった場合、変動金利型のローンを借りている人の毎月の返済額に影響が出るのはいつでしょうか。

結論から言うと、多くの銀行ではいずれも2025年以降になる可能性が高いと見られます。以下でその理由を説明します。

まず、重要なことは、既に述べた通り、変動金利型ローンといっても借りている人の金利が毎月のように変わるわけではない点です。

一般的には、半年ごとに適用金利を見直すようになっています。しかも、見直した金利の適用時期はさらに先になります。

4月1日と10月1日時点で基準金利をもとに適用金利を決め、前者は7月、後者は翌年1月を適用時期とする場合が多いようです（銀行によっては異なる対応もあり得ますので、確認してください）。

もうひとつ頭に入れてほしい事項があります。過去の事例を見ると、日銀の政策変更、短

図表3-3 日銀の政策変更とローン金利変更には時間差

▼08年10月のケース	
10月31日	日銀が利下げ決定
11月17日	銀行が短プラ引き下げ
12月から	変動型住宅ローンの基準金利引き下げ
▼08年12月のケース	
12月19日	日銀が利下げ決定
09年1月13日	銀行が短プラ引き下げ
09年2月から	変動型住宅ローンの基準金利引き下げ

（注）短プラは日銀調査の最頻値、住宅ローンの基準金利はみずほ銀行
（出所）筆者作成

プラの変更、基準金利の変更という3つの動きには時間差があることです（図表3―3）。

前述の通り、短プラが最後に下がったのは２００９年で、日銀が翌日物金利の誘導水準を０・３％前後から０・１％前後に下げる利下げを決めた後でした。このときの動きをもう少し詳しく見てみましょう。

まず、日銀が利下げを決めたのは08年12月19日で、銀行が短プラ（日銀が公表している最頻値）を下げたのが09年1月13日でした。そして変動型住宅ローンの基準金利（みずほ銀行の場合）が下がったのは同年2月でした。

そのひとつ前の短プラ引き下げは08年11月17日でしたが、これは10月31日の日銀の利下げ決定を受けたものでした。そして変動型住宅ロー

ンの基準金利（みずほ銀行の場合）が下がったのは12月でした。

一概には言えませんが、日銀の政策変更の翌月に短プラが変わり、その翌月から基準金利が変更されるパターンが見て取れます。

以上のことを踏まえて、日銀の追加利上げ決定が実際の適用金利にいつ影響を及ぼすかを考えてみましょう（以下は次の日銀利上げの後に多くの銀行が短プラを上げると仮定した話です。現時点では必ずそうなるとは言い切れません。次の利上げの前に短プラが上がったり、短プラが上がるのが次の次の利上げ後になったりすることもあり得ます）。

7月利上げなら25年1月の返済から影響も

第2章で追加利上げが7月や10月などに決まるシナリオに触れました。

そこで、まず7月の日銀金融政策決定会合（30～31日に開催）での追加利上げが決まったと仮定して考えてみましょう。銀行が短プラを上げるとすれば8月でしょう。そして9月からローンの基準金利も上げる可能性があります。その後、引き上げられた新たな適用金利が決まるのは10月1日。２０２５年1月の返済から適用です（図表3-4）。

図表 3-4　既に借りている人の変動住宅ローン金利引き上げ

7月に日銀が追加利上げと仮定した場合

2024年7月31日、日銀が0.25％への利上げ決定

↓

銀行が短プラや変動型ローン基準金利引き上げの可能性

↓

2024年10月、適用金利引き上げ決定の可能性

↓

2025年1月の返済から適用

（注）2024年4月1日と10月1日に金利見直し、2024年7月と2025年1月に適用の場合（銀行によって違う対応もあり得る）
（出所）筆者作成

10月利上げなら
25年7月の返済から影響も

では、10月の金融政策決定会合（30～31日）での追加利上げ決定のケースではどうでしょうか。11月に銀行が短プラを上げ、12月からローンの基準金利を上げる可能性があります。そして新たな適用金利が決まるのは2025年4月1日、同年7月の返済から適用です（図表3−5）。

利上げ決定がもっと遅くなって2025年4月だった場合はどうでしょうか。同年の金融政策決定会合の日程は未定ですが、例年通りなら下旬です。

図表 3-5　既に借りている変動型住宅ローン金利引き上げ

10月に日銀が追加利上げと仮定した場合

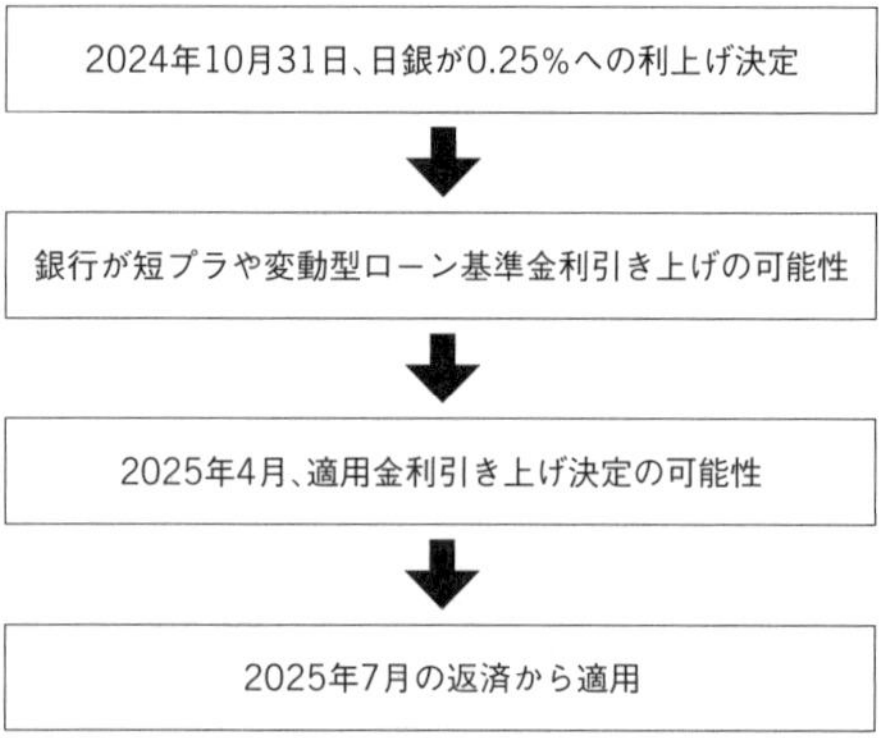
2024年10月31日、日銀が0.25%への利上げ決定
銀行が短プラや変動型ローン基準金利引き上げの可能性
2025年4月、適用金利引き上げ決定の可能性
2025年7月の返済から適用

（注）2024年4月1日と2024年10月1日に金利見直し、2024年7月と2025年1月に適用の場合
（銀行によって違う対応もあり得る）
（出所）筆者作成

利上げを受けて、銀行が短プラを５月に上げ、ローン基準金利を６月に上げるとすると、適用金利を決めるのは10月1日。２０２６年１月の返済から適用という流れになります。

このように、追加利上げが決まった後、その影響が実際の返済に及ぶまでには一定の時間差があり得る点は知っておいてください。

金利は変動と固定のどちらがいいのか

さて、遅かれ早かれ変動型のローン金利が上がりそうだとすると、既に変動で借りている人は、固定金利型に借り換えた方がいいのかが気になってくると思います。これから借りる人も、変動と固定のどちらを選んだ方がいいかを気にしているかもしれません。

現状で、35年の全期間固定型の適用金利が1・8〜1・9％程度で、変動金利型が0・4％程度ですから、その差は1・4〜1・5％。したがって、両者の有利不利を考えるうえで重要なのは、この差が消えてしまう1・4〜1・5％超の利上げを日銀がするのかという点であると、住宅ローンアナリストの塩沢崇氏は指摘します。

もちろん、今後、金利差が変化すれば話は変わってきますが、以下では差を1・4％程度として話を進めます。

日銀の利上げに関するシナリオ分析は第2章でしました。あくまで25年末までの予測ですが、現時点でのメインシナリオは利上げが0・5〜0・75％程度までというもの。サブシナリオは1〜1・25％程度まででした。

要するに、1・4％を超える金利引き上げは、あくまでリスクシナリオ（可能性は低いが注意は必要なシナリオ）という位置づけです。

もっとも確率はゼロではありません。

過去20年くらいを振り返っても、テールリスク（めったに起きないが、起きると深刻な影響が及ぶリスク）が顕在化する例が目立っています。世界的な金融危機や感染症の流行、大地震、戦争などが例に挙げられます。日本の金利が想定外の急上昇をするシナリオを無視するのは、妥当ではありません。また、26年以降に日銀の合計の金利引き上げ幅が1・4％を超えることもあり得ます。

とすれば、固定金利型の利用もひとつの考え方ではあるでしょう。ただし、仮に日銀が1・4％を超える利上げをして、変動型ローンの金利が今の固定金利の水準を上回ったとしても、その状態がずっと続くとは決めつけられません。

景気が悪くなって、利下げ局面に転じる展開もあり得るからです。そうすると、変動型の金利は再び現時点の固定金利を下回ってしまうことがあり得ます。結局変動の方がトクだったという結果になる展開があり得ます。

こう考えると、変動金利で借りた方が返済総額は少なくなる可能性はあります。最終的には自分の責任で判断すべき話ですが、現時点で変動型の人気が圧倒的に高いのには一定の根拠があるといえそうです。

とはいえ、仮に変動の方が固定よりトクだったとしても、金利の方向自体は当面上昇になるでしょう。とすれば、返済負担も増していく展開に注意が必要になります。

しかも、繰り返しになりますが、想定外の金利上昇が起きるリスクもゼロではなく、その高水準の金利が長期化することだって絶対にあり得ないとは決めつけられません。

返済負担が少ない分は貯蓄や投資に

とすれば、毎月の返済額が固定より少なくて済むからといって、その分をすべて消費にまわしてしまうのは賢明ではありません。

運用をして資金を確保しておけば、金利が想定外の大幅上昇をしたときに、一部あるいは全部を繰り上げ返済し、ショックを小さくできるでしょう。

ここでひとつのやり方を示したいと思います。前出の塩沢崇氏らも提案していますし、筆者自身もかねて原稿に書いてきている話ですが、変動型を利用しつつ、固定より毎月の返済額が少なくなった分の一定部分あるいは全部を何らかの形で「長期」の視点で運用しておく方法です。

資産運用を税制上優遇し支援する国の制度（ＮＩＳＡ＝少額投資非課税制度）も２０２４年から拡充されました。

「長期」とは何年なのかを一般論としてズバリ言うのは難しいですが、住宅ローンの返済期間と同じ程度をイメージするのも一つのやり方と考えます。

住宅ローンは多くの人にとって、「人生最大の借金」でしょう。2年や3年で完済するケースはほとんどないと思います。

最初は返済期間を35年で設定する場合も多いと思います（最近はもっと長いローンも普及し始めています。いわゆる超長期住宅ローンです。一概に否定的に捉えるべきではないですが、総返済額が膨らむ恐れなどには要注意です）。途中、繰り上げ返済をするなどしてもう少し短くなることはあり得るのでしょうが、いずれにせよ文字通り「長期」と言えます。

「長期」と「分散」のメリット

投資も似た期間をイメージしてほしいと思います。どうして「長期」が望ましいのかといえば、その方が安定的にお金を増やしやすいからです。

例えば株式は価格が変動しますので、元本を割り込むリスクがあります。一方で、先進国の株式相場であれば、企業価値の向上を反映する形で、長い目で見たトレンドは右肩上がりになりやすいと考えられます（日経平均株価も30年以上にわたるトンネルを抜けて過去最高値を更新しました）。

したがって、「長期」で投資すれば、元本割れのリスクを下げ、資産を増やしやすくなる効果が期待できます。

そしてこの「長期」の投資をより安定したものにする効果をもたらすのが、「分散」の発想です。

「分散」とは、複数の違った対象に分けてお金を投じるということです。その方が、安定的に利益を得やすくなる利点があります。

例えば、株式と並ぶ資産に債券があります。株式は企業が投資家からお金を集めるために発行するのに対して、債券はお金を借りるために出す借用証書で、国が発行する国債が代表例です。

先ほど述べた通り、先進国の株式相場は、企業価値の向上を反映する形で、長い目で見たトレンドとしては右肩上がりになりやすいと考えられます。

上下動を繰り返しつつトレンドは右肩上がり

ただ、常に上昇するわけではありません。上昇トレンドの線を上回ったり、下回ったりする動きを繰り返しながら、方向としては上向きになるイメージです。

例えば景気が良く、企業の業績が良くなる局面では、右肩上がりのトレンド線を上回るのに対して、逆に景気が失速し、企業のもうけも減ると売り圧力がかかって、トレンド線を下回ります。

一方、債券の相場は、景気が回復し、金利が上がる局面で下落。景気が後退し、金利が下がると上昇するのが普通です。

債券相場と金利が逆方向に動くメカニズムは、以下のように理解してください。

いま年間10の利息が得られる債券があるとして、景気が悪化して金利が年10％から5％に下がったとします。とすると、その債券の相場は100から200に上がるはずです。100に対して10は10％なのに対して、200に対しては5％になるからです。逆に景気が良くなって金利が5％から10％に戻ると、相場は200から100に下がるわけです。

株と債券は景気に対して逆方向の動き

いずれにせよ、重要なのは、株式と債券は景気の動きに対して逆の動きをしやすいことです。そして、株式相場はトレンドとしては右肩上がりになりますが、債券と比べて上下動が激しいのが一般的です。

したがって、この激しい上下動がもたらす利益の変動を緩和できれば、株式投資の収益率を安定させられます。投資に伴う心理的なストレスを軽くできるでしょう。

そこで意味を持つのが、株式と債券の両方にお金を投じる「分散」です。先ほど述べたように、株式と債券は反対方向の動きをする傾向があるからです。

例えば、景気が悪化し、企業の利益も減る場合、株価はいったん大きく下がりそうです。その際に債券も買っておけばどうなるでしょうか。景気が悪いときは債券の相場は上がりやすいので、株価下落のダメージを和らげてくれます。

もちろん、景気が良く株価が上がった場合には逆の現象が起きます。債券の相場は逆に下がりますので、株価上昇のメリットを減じてしまいます。

「分散」による投資収益安定の意義

しかし、「分散」によって保有資産の収益率を安定させた方が、メリットはあるのではないでしょうか。その方が心理的なストレスが少なくなり、「長期」の投資はしやすくなります。

「分散」には資産だけでなく、地域の「分散」もあります。米国、欧州、アジアといった異なった地域の株価や債券の相場は、違った動きになり得るからです。米国の株や債券だけに投資するより収益率が安定する効果を一応期待できます。

もちろん、同じ国の株式でもできるだけ幅広い銘柄を買った方が、値動きが安定しやすくなります。そこで、用意されているのが、株価指数に連動する投資信託です。

株価指数というのは、幅広い株価の平均的な動きを示すもので、日本株では日経平均株価や東証株価指数（ＴＯＰＩＸ）、米国株なら、ダウ工業株30種平均やＳ＆Ｐ５００種株価指数が代表的です。

「長期・分散」の効果示す金融庁シミュレーション

図表3−6と3−7は、金融庁の『はじめてみよう！　ＮＩＳＡ早わかりガイドブック』に載っているシミュレーションです。

１００万円のお金を元手に、１年間にわたって毎月同額（およそ8万３０００円になります）ずつ、日本の株式と債券、海外の株式と債券の4つの資産に「分散」して投資した後、持ち続けたと仮定して、５年後と20年後にどうなったかを調べた結果です。

シミュレーション開始の年は１９８９年です。89年以降、90年、91年というふうに順次投資を始めたと仮定して、５年後あるいは20年後にどうなったかを調べたのです（したがって

図表3-6 金融庁・シミュレーション（1）

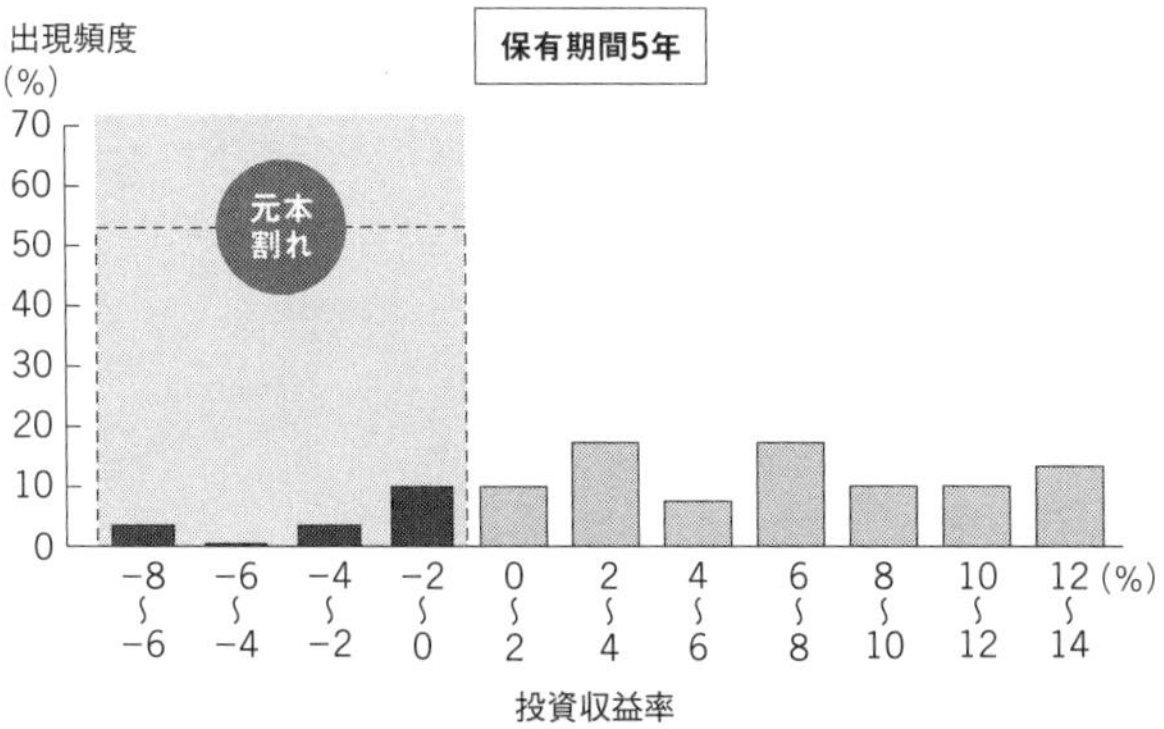

100万円が5年後に
74万〜176万円

※積立投資期間は各年1〜12月の1年間です
※年間収益率：資産運用で得られた1年当たりの利益率
※日本株式：TOPIX配当込み株価指数
　日本債券：BPI総合インデックス
　海外株式：MSCIコクサイインデックス（円換算ベース）
　海外債券：FTSE世界国債インデックス（除く日本、円ベース）
（出所）金融庁の『はじめてみよう！　NISA早わかりガイドブック』掲載のグラフを基に作成

５年後を調べる場合の方が、20年後を調べる場合よりサンプル数は多くなります）。

結果を見ると、５年後（図表３-６）だと元本割れしたケースが一定程度あり、最悪では１００万円が74万円に減ってしまいました。最も収益率が高かったケースで１７６万円への増加です。これに対して、20年後（図表３-７）だと元本割れは皆無。最も投資収益が低い場合でも１８６万円に増加。最も高いケースでは３３１万円に増え

図表3-7　金融庁・シミュレーション（2）

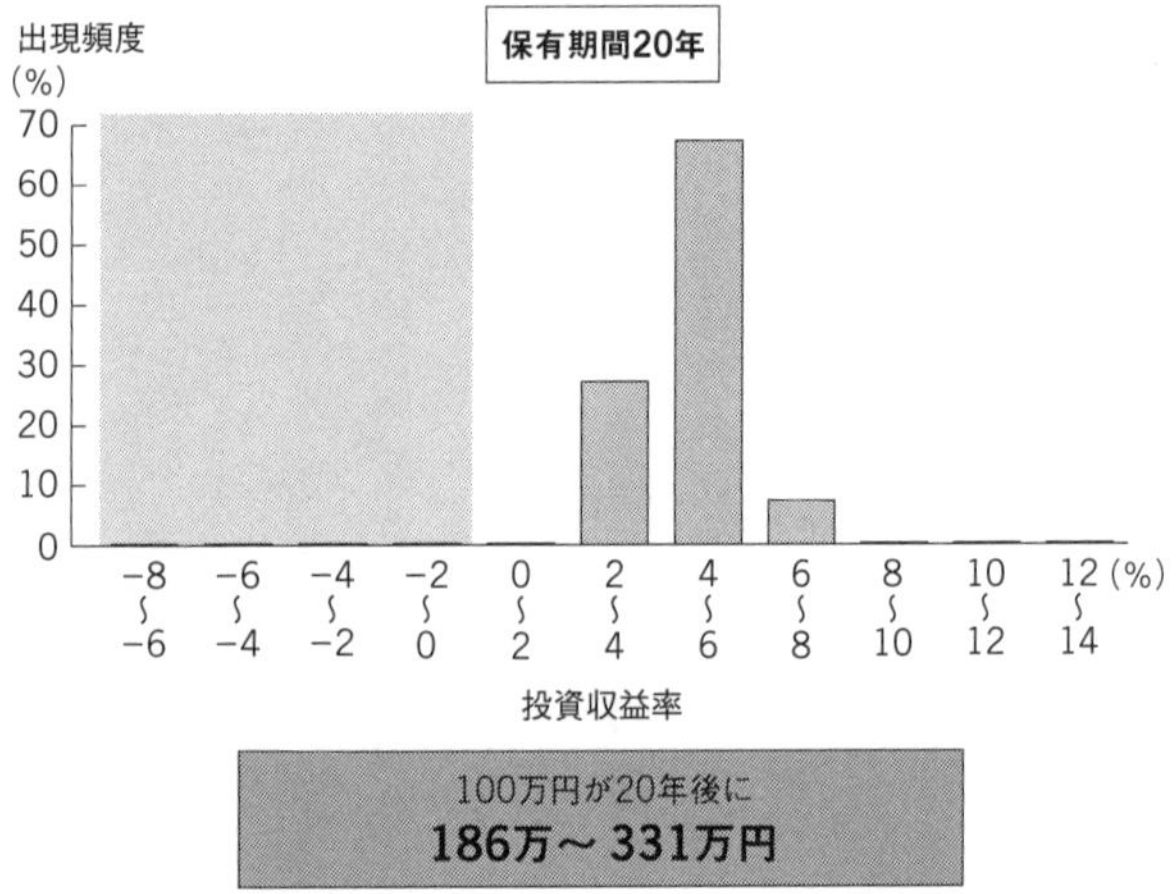

（出所）金融庁の『はじめてみよう！　NISA早わかりガイドブック』掲載のグラフを基に作成

たとしています。

もちろん、将来も同じ結果になるとは言えませんが、できるだけ「長期」にわたって「分散」した投資をすると安定的に資産を増やしやすい傾向がありそうです。

毎月一定の額をコツコツ投資

さて、変動金利型ローンで借り、固定型ローンより利払いが少ない分を投資に回す手法を使う場合は、毎月投資を続けることになります。これは、いわゆる「積み立て」です。

実はこれも「分散」の一種です。投資する時期を分けるという意味です。

長い目で見れば右肩上がりのトレンドになるとしても、株式相場は上昇や下落を繰り返すのが普通です。最初からまとまった額を一気に投資すると、相場の下落によっていったん大きな損失を抱えかねません。

もちろん、相場がやがて回復するのを待てば、損失が縮小したり、利益に転じたりする可能性も出てきます。しかし、いったん大きな含み損を抱えると心理的なストレスが大きく、損失を確定する売りを出してしまいかねません。資産形成が難しくなります。

そうした展開になるのを避けるため、まとまった額のお金を一気に投じるのではなく、一定の額をコツコツと買っていくことには意味があります。仮に相場が下落しても、まとまった額を一気に投じたケースと比べて損失が限定的になるからです。

相場下落時に安値で多く買える

それだけではありません。相場が下落すればするほど安値で多くの資産を買えます。そのメリットは、相場が上昇に転じたときに享受できます。

単純化した例で説明してみましょう。いま手元にあるのは3万円。そして投資対象である株式の相場が、1月に100円、2月に50円、3月に80円といった動きをしたとします。

1月にまとめて3万円を投資してしまうと、その3万円は2月に半分の1万5000円に減ってしまいます。手放したくなるかもしれません。そうすれば1万5000円の損失が確定です。持ち続ければ、3月には2万4000円まで回復しますが、それでも6000円の含み損です。

一方、毎月1万円ずつ買うとどうなるでしょうか。

まず、1月に買えるのは100株、2月は相場が50円に下がっているので倍の200株です。したがって2月時点で保有している株式の価値は1万5000円（50円×300株）になります。これにまだ投資していない現金1万円を足すと、資産は合計で2万5000円。損失は5000円にとどまっています。

一方、3月になると相場は80円に回復していますので、買えるのは125株。この時点で保有しているのは425株（100株+200株+125株）です。その価格が80円ですから、資産は3万4000円（80円×425株）。何と4000円の含み益が出るのです。

相場は下がったのに含み益が

1月より相場自体は下落しています（100円↓80円）。それなのに含み益を得られるのは不思議に思われるかもしれませんが、理由があります。相場が大きく下がったときにより多く買えたため、平均の購入単価が下がり、そのメリットを享受できたという話です。

1月にまとめて3万円買った場合、平均購入単価はその時点の価格である100円。一方、1~3月に1万円ずつ投資した場合の平均的な購入単価は3万円を425株で割った約70・6円になります。それと3月時点の価格80円との差は約9・4円。これに保有している株式の数（425株）をかけるとおよそ4000円。これが含み益に相当します。

このように毎月コツコツと買うと、相場が下落した局面でたくさんの株を買うことができ、平均的な購入単価をかなり下げることができます。その分、価格が回復したときのメリットが大きく、当初より相場水準が低くても含み益を手にする現象も起こり得ます。

もちろん、以上はあくまで「積み立て」のメリットを説明するための単純化した事例です。常にこうした現象が起きるわけではありません。

一括投資の方がトクだという意見も

以上、「積み立て」のメリットを書いてきましたが、反論もあるでしょう。

先ほど、先進国の株式相場は、企業価値の向上を反映する形で、長い目で見たトレンドとしては右肩上がりになりやすいと考えられると述べました。それなら、最初にまとめた額を投資した方が利益は大きくなるのではないかという反論です。専門家の間にも、一括投資の方を支持する議論はあります。

しかしながら、筆者がここで述べているのは、変動金利型住宅ローンを借りている人に対する提案です。固定金利型ローンより返済が少なくなる分の全部または一部を運用に回していく手法です。一括ではなく「積み立て」の手法が前提になるのです。

もちろん、「積み立て」だったとしても、下落局面がそれなりに続く事態はあり得ます。それでも、当初まとまった額を投資した場合に比べて、「積み立て」の方が含み損拡大の度合いは小さくなりやすく、ストレスも軽くできそうです。相場低迷局面について、安値で買える好機という前向きの解釈をできる人もいるかもしれません。

新ＮＩＳＡの活用を

さて、以上のような投資をする際に使わない手はないという制度が新ＮＩＳＡ（以下ではＮＩＳＡと表記）です。従来存在した似た仕組みをかなり拡充する形で２０２４年１月にスタートしました。

ＮＩＳＡ口座内で投資信託や株式などに投資した場合の利益にかかる税金がゼロになる仕組みです。一般的に投資で得た利益には約20％の税金がかかりますが、それがタダになるのは大きなメリットです。

もちろん、非課税制度を無制限に利用できるわけではありません。利用額の上限が定められています。

「成長投資枠」でも安定性重視の投資可能

まず「つみたて投資枠」と「成長投資枠」という2つの枠が用意されています。前者は「長期・分散・積み立ての投資に適した一定の投資信託」、後者は「上場株式、投資信託など」が対象商品となります。

それぞれ年間投資枠が定められており、「つみたて投資枠」は１２０万円、「成長投資枠」は２４０万円です。そして両者を合わせた保有限度額は１８００万円、うち成長投資枠は１２００万円までです。

ただし、誤解してほしくないのは、「成長投資枠」でも安定性を重視した運用はできること。１８００万円の枠をすべて「長期・分散・積み立て」の投資に使っても大丈夫です。

以上、安定的な収益を期待しやすい投資のやり方について述べてきました。

それでも、すべてを投資に回すのはどうしても不安という人もいるでしょう。ひとつの考えだと思います。そういう人は一部を貯蓄に回せば、それもまた一種の「分散」になります。

「貯蓄」するなら個人向け国債という選択肢

その場合、銀行の定期預金よりもオススメなのが個人向け国債です。普通の国債と異なり、価格変動リスクを心配せずに済む工夫を施して個人が買いやすいようにした国債です。銀行や証券会社で買えます。

国が発行している債券ですから、安全性は高いといえます（絶対に安全とはいえませんが）。1年以上持てば、1万円単位で買ったときの価格で中途換金にも応じてくれます。直近2回分の利息（税引き後）は引かれますが、元本割れはしないわけです。これを買うのは、投資というより貯蓄に近くなります。

個人向け国債のうち、オススメは期間10年の変動金利型です。

金利は10年物の国債利回りの0・66倍に設定されます。半年ごとに見直す仕組みで、今後長期金利が上昇すれば、連動して上がります。逆に長期金利が大きく低下しても、0・0

5%の最低金利が保証されています。

2024年5月発行分の初回利率は0・50%（税引き前）です。

金利急上昇なら投資・貯蓄分で一部繰り上げ返済

以上、安定性を期待できる投資や有利な貯蓄の方法について述べてきました。

変動金利型の住宅ローンを利用する場合、固定型より利払い負担が少ない分はこうした資産運用に振り向けておくのが、安心感のあるやり方ではないでしょうか。

運用でお金が増えれば、もし将来金利が思わぬ急上昇をした場合に、元本の一部を繰り上げ返済するために使えます。金利上昇の打撃を小さくすることが期待できます。もちろん、金利急上昇がないようなら、運用を続けて資産を形成すればいいのです。

第4章

株の「売り」に専念し始めた日銀

日銀は2024年3月19日、金融政策の枠組みの大幅な見直しを決めた際に、上場投資信託（ETF）の新規買い入れ終了も決定しました。

このETF買い入れ終了は、次のような重要な意味を持っています。長年にわたって巨額のETF買い入れで事実上株価を下支えしてきた日銀が、株式については逆に「売り」に専念する方向性が固まったのです。あまり指摘されていませんが、これは重要な変化です。

ただし、誤解しないでください。日銀がETFをすぐに売るという話ではありません。

実は、日銀は2016年4月以降、ETF購入の傍ら、かつて銀行から買い取った株式の売却（つまり出口政策）を実施してきました。株の買い手と売り手の両方の顔を持っていたのです。3月19日に決めたETFの新規購入の終了により、今後は後者の売り手としてのみ株式市場とかかわるという話なのです。

込み入った話なので、もう少し詳しく解説していきます

日銀が持つ2種類の株式

まず、日銀は現在2つの種類の「株式」を保有しています（図表4-1）。

ひとつは、もちろんETFです。2010年から金融政策の一環として買い入れてきまし

図表4-1　日銀の株式購入政策は2種類あった

政策の名称	ETF購入	銀行保有株買い取り
政策の分類	金融政策 （企画局が所管）	金融システム安定策 （金融機構局が所管）
目的	物価の安定	金融システムの安定
実施時期	2010年開始、24年終了決定	2002～04年、09～10年

（注）日本銀行公表資料などを基に筆者作成

た。保有残高は23年9月末時点の日銀公表値で、簿価約37兆１２００億円、時価約60兆７０００億円。巨額です。

もうひとつは、今ではあまり知られていませんが、かつて銀行から買い取った株式です。まず日本の金融システムに不安があった02～04年に買いました。その後07年にいったん売却（出口政策）を始めましたが、世界的金融危機があった08年に中止。09～10年に再び買い入れました。そして、16年から売却を再開したのです。

なぜ銀行が持つ株を買ったのでしょうか。銀行から株を買い取ってしまえば、株安が金融機関経営に負の作用を及ぼすリスクが軽減され、経済を支える金融システムの不安が和らぎます。そんな判断があったのです。したがって、金融システム安定策と位置づけられました。

事実上の株価下支えで、物価下落圧力を抑えるという金融政策上の目的はないということです。ここがＥＴＦ買い入れと異なります（もっとも、銀行保有株買い取りは実際には株価下支え効果も狙っていたとする政策委員会メンバーの本音の声が、当時の筆者の取材メモには記されていますが）。

両者は異なる政策目的によって買った株式であり、所管も前者は日銀の企画局、後者は金融機構局と異なります。日銀法上、日銀の役割は物価の安定と金融システムの安定と定められており、前者の企画・立案を企画局が担い、後者を金融機構局が担っているからです。

ただし、株式を買っているという点では同じであり、市場への影響にも違いはありません。したがって両者の売買を合計すれば、日銀が全体として株の買い越し（買いが売りより多い状態）になっているのか、売り越し（売りが買いより多い状態）になっているのかがわかります。

23年度に株の売り手になった日銀

前述の通り、かつて銀行から買った株式の方は、出口政策（売却作業）が16年4月から26年3月までの10年計画で進められており、当初の計画発表時の想定では約3兆円あった保有額を年間３０００億円程度ずつ売却するとされていました。

22年度までこの売りよりＥＴＦの買い入れの方がはるかに大きく、日銀全体としては株を

図表4-2　2025年度まで売り手になる見通し

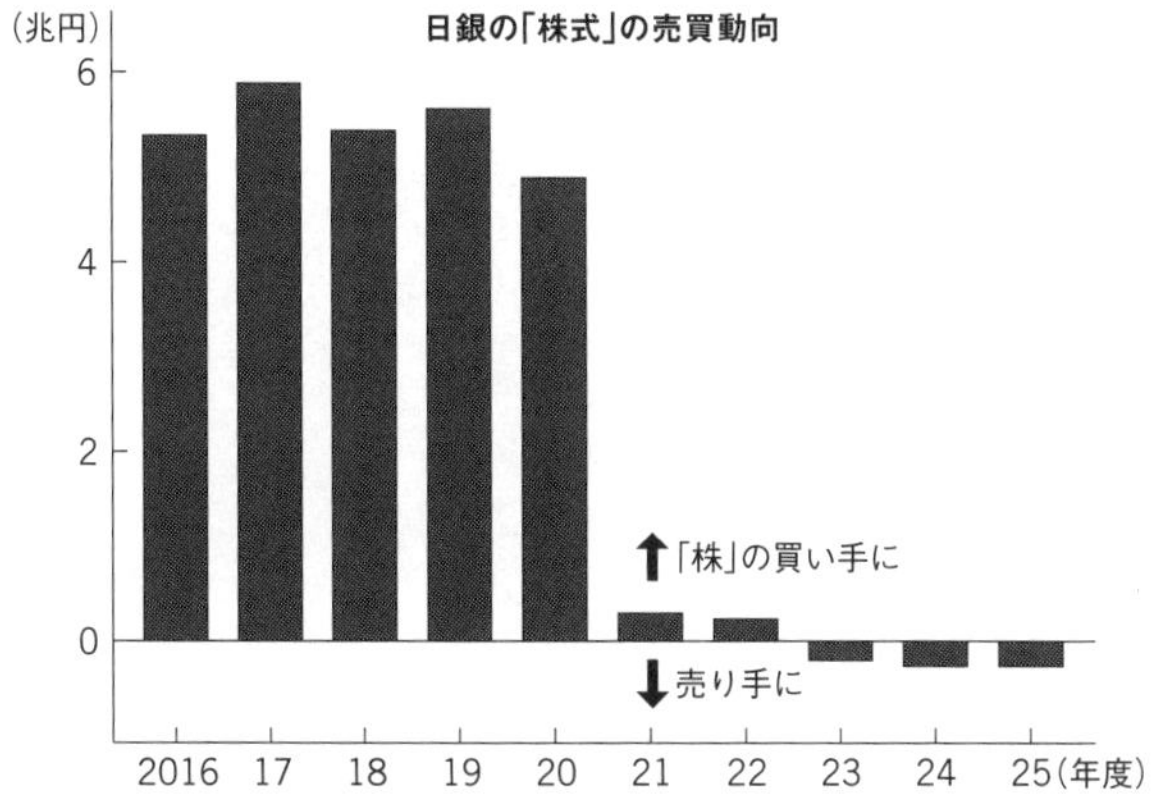

（注）ETF購入額（日銀公表値）から、かつて銀行から買った株の処分額（年間3,000億円とみなした）を差し引いた値。24年度以降は見通し

買い越していました。株の買い手だったのです。

状況が変わったのは23年度です。株価の安定を背景にETF購入が大きく縮小し、約700億円にとどまりました。かつて銀行から買った株式の売却（当初の計画で年間3000億円程度と想定）の方が大きくなったため、日銀全体として株を売り越し、売り手に転じたようです。

長年巨額のETF買い入れで株価を下支えしてきた日銀が、ついに株を売り越したのです（図表4−2）。

そして、3月19日にETFの新規買い入れの終了を決めたため、2024年度からは、株については「売り」に専念する局面に入ったのです。

かつて銀行から買った株の売却は2026年3月まで続ける予定ですので、売りに専念する姿勢は2025年度まで続きます（金融危機が発生するなどしてETF購入が再開されれば話は別ですが）。

日銀が売り手に転じても株価は大幅上昇

ここで指摘しておきたいのは、日銀が株の売り手に転じた2023年度に日経平均株価が4割を超える上昇を記録した事実です。22年度末に2万8000円程度だったものが、バブル経済時代の1989年12月に付けた値（3万8915円）を上回って過去最高値を更新。2023年度末には4万円台となりました。

大きな可能性を秘めた生成AI（人工知能）を支える半導体関連の銘柄を中心に、株価が大きく上がりました。

日銀の買い支えがなくても株価が上がったのは望ましい話です。ついに民間マネー主導の株高が実現するようになったという話だからです。

日本企業の自社株買いと外国人投資家の買い

では、日銀が株の売り手に転じた2023年度に、日本の株高を主導したのはどういう人々だったのでしょうか。

第1に、自社株買いなどで余剰資金の株主への還元に取り組んだ日本企業。第2に、その姿勢を評価して日本株にマネーを流入させた外国人投資家です。

具体的な数字を見てみましょう。

24年4月24日付「日本経済新聞」の報道によれば、上場企業の23年度の自社株買いは初めて10兆円を超え、2年連続で過去最高となったとのことです。

具体的な額は前年度比9％増の10兆2500億円。「新型コロナウイルス禍で20年度に4兆8300億円へ落ち込んでいたが急ピッチで拡大した」とされます。別の日経新聞報道によれば、自社株買いと並ぶ株主還元策である配当も24年3月期に過去最高水準に増えたようです。

背景に東京証券取引所の資本効率改善要請

いずれにせよ、自社株買いなど株主への還元が活発になりました。背景には東京証券取引所による要請がありました。企業に対して、資本効率を改善してほしいと求めたのです。投資家から集めたお金を効率的に使わずにためこむのはやめてほしいという話です。

自社株買いとは、文字通り発行した自社の株を買う行為です。手元にお金が余っている場合にそれを元手にする例が多く、余剰資金を投資家に戻す結果になりますから、資本効率が上がります。

自社株買いは、株高材料と見なされることが多いとされます。株を買い戻せば株式数が減るので需給も改善する、といった直感的な理解がされやすいのでしょう。

自社株買いが前向きに受け止められることが多いのは、日本企業が余剰資金を抱え込み、投資家から集めたお金を効率的に使っていないというイメージが海外投資家を中心に根強いためでしょう。

投資家から集めたお金を効率的に使用

自社株買いをして余剰資金を投資家に返すと、例えばROE（自己資本利益率）という指標がアップする要因になります。ROEは株主から集めたお金を元手にどれだけ効率的に利益を上げたかを示す指標なので、その上昇は株価にプラスになり得るのです。

こうした動きを外国人投資家は評価し、海外マネーの日本株への投資も増える流れになりました。

暦年ベースのデータではありますが、東京証券取引所がまとめた投資部門別売買動向（東京・名古屋2市場）で、海外投資家は2023年に3兆1215億円の日本株の買い越しとなっていました。安倍晋三政権発足を受けアベノミクスに対する海外の期待が強まった13年（15兆1196億円）以来の水準です。

このように海外勢が本格的に動けば、日銀による株価下支えはいらなくなるという見方は、市場関係者の中にありました。

図表4-3　海外勢の売りを日銀の買いが吸収

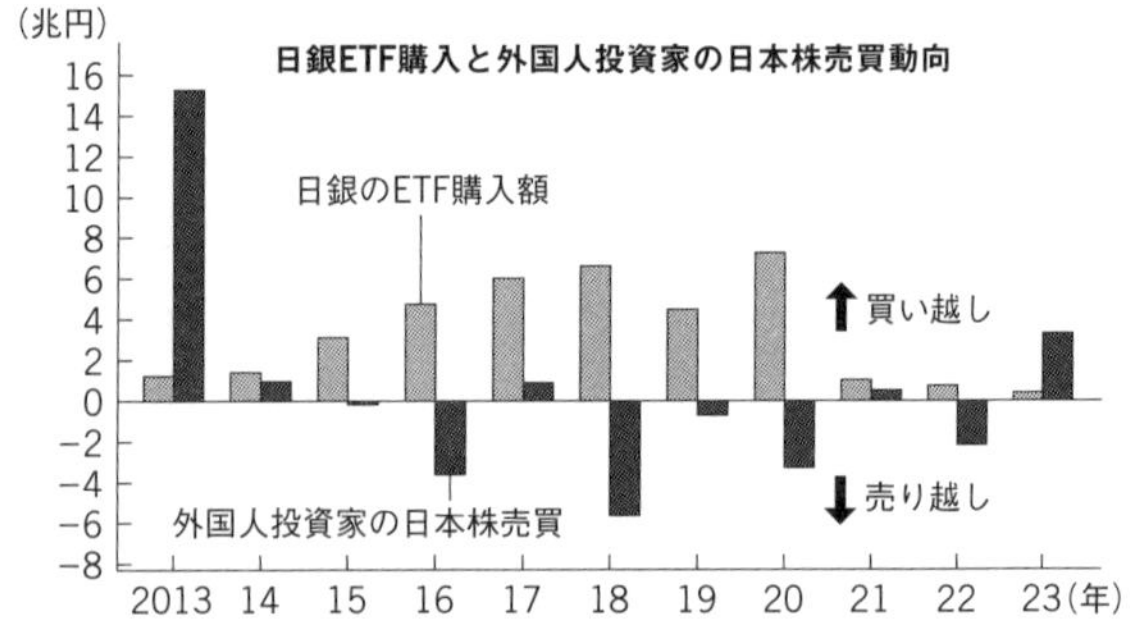

（注）日本銀行と東京証券取引所公表のデータを基に筆者作成

外国人の売りの受け皿になっていた日銀ＥＴＦ購入

　というのも、アベノミクス、特にその第3の柱とされた成長戦略への期待感が後退し、外国人投資家が日本株の売り手に転じると、その売りを解消するために日銀がＥＴＦの買い入れを増やしてきた経緯があるからです（図表4―3）。

　特に２０１６年の追加緩和でＥＴＦの年間購入額を約６兆円へと倍増した後は、日銀の動きは、外国人の売りの「受け皿」になったような印象が強まりました。

　ただし、ひとつ付け加えておきたいことがあります。自社株買いによる資本効率の改善が、本質的に良い話なのかという論点についてです。

そもそも、資本効率改善の手段は、投資家にお金を返すことだけではありません。先ほど触れたＲＯＥを上げるため、分母である「自己資本」を小さくするのが投資家にお金を返すことですが、分子の「利益」を増やす手もあるはずです。投資家から得たマネーを成長力の高い分野へと投資し、より多くの利益を得れば、ＲＯＥは上がるはずです。

そうした手段を取らないのは、「お金を集めて投資する」ことより「投資を控えてお金を返す」のを優先しているようにも見えます。それが成長力の高い投資分野を見つけられない現実の反映だとすれば、歓迎はできません。このあたりは、日本企業の課題として残ります。

個人は売り越していたが

ちなみに、先ほどの東証の投資部門別売買動向データで個人は3兆円近い売り越しでした。実は個人は２０２１～22年と2年続けて買い越しを記録していました。バブル崩壊後は例のなかった現象です。

およそ30年前のバブル崩壊で打撃を被り、個人は含み損を抱えました。このため、株価が上がると、「塩漬け」にしていた株を売るケースが多く、株を売り越した年が多かったのです。したがって2年続けて買い越したということは、「塩漬け」の処分がおおむね終了した証拠ではないかと注目が集まっていました。

しかも、21～22年は、21年春の政策修正で日銀がETF買い入れを大きく減少させた後の時期です。従来、日銀による巨額の買い支えにより、個人が安値で株を買う機会が奪われてきたとの指摘もされてきました。日銀のETF購入の大幅な縮小によって、個人が買える機会が増えたことも、買い越しの一因と見られていました。

それだけに3年連続の買い越しになるかが関心を集めていましたが、実際には、株高を受けた利益確定の売りも増えたようで、売り越しに戻ってしまったわけです。

新NISAで個人の日本株買いも

とはいえ、売り越し額の規模自体は、過去10年間のそれと比較してそう大きなものではありません。

2013年（8兆7000億円）、15年（5兆円）、17年（5兆8000億円）、19年（4兆3000億円）などと、従来売越額は高水準で推移してきたからです。

24年に新しい少額投資非課税制度（NISA）が始まったことを背景に、個人マネーの日本株投資増加も予想されます。実際、日本経済新聞社が24年3月下旬に実施した個人投資家

向けアンケート調査で、今後投資を増やしたい資産を複数回答で尋ねたところ、「国内株式」が54％で首位となり、2位の「米国株投信」（33％）に差を付けました。3位も「国内株投信」（29％）でした。日銀に依存してきた日本の株式市場の変化も、一段と進むかもしれません。

いずれにせよ、日銀に頼らない民間マネー主導の株価上昇になってきたのは、重要な変化と言えます。

もっとも、読者の中には株高が示す「変化」をあまり実感できない人も少なくないかもしれません。

日本企業と日本経済の実力が分離

実際、日経平均株価が過去最高値を更新する一方、日本経済の実力を示す指標である潜在成長率は、日銀推計値で0・7％にすぎません。最近やや上がっているものの、引き続き1％を下回る「低迷」の域を脱していないのです。この数値は、日経平均がバブル期のピークをつけた時期には4・4％もの水準でした。

企業価値を反映する株価の好調な上昇の一方、日本経済の実力は低迷の域を脱していない

図表4-4　日本の株価と日本経済の実力は分離された？

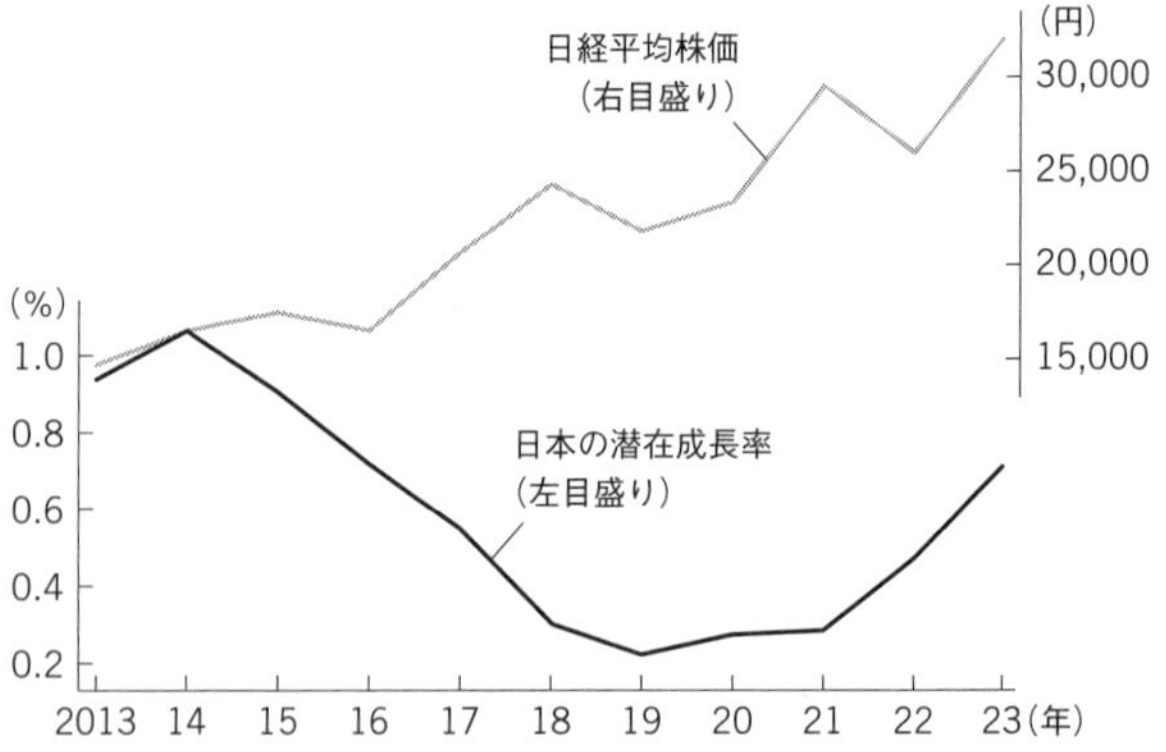

（注）日経平均株価は各年の9月末、潜在成長率は4～9月の日銀推計値

という対照です（図表4-4）。

このギャップは何を意味するのでしょうか。「日本経済」と「日本企業」の実力のデカップリング（分離）が、理由のひとつだと考えられます。

投資家の中にもそう考えている人が多いようで、日経平均株価の上昇に勢いがついていた2月中旬、筆者のXのアカウントで次のようなポストをしたら、反響がありました。

「人口も十分に増えず縮小気味の『日本経済』と海外でも利益を得て企業価値を上げる（特に主力の）『日本企業』は分けて考えた方がいいという話」

企業は海外でも稼いでいる

言うまでもなく、日本の大手企業は国内市場だけで稼いでいるのではありません。海外に輸出したり、海外に投資したりして利益を得ています。

人口減少などで日本経済の「縮小」が目立てば目立つほど、企業は製品を売る場として海外の市場を重視するようになります。日本経済の実力が落ちても、必ずしも日本企業の実力は落ちません。

また、資金を調達する先として海外投資家の目も意識するようになりますので、その意向に配慮した改革も進めざるを得ません。それが、実力をさらに高める要因にもなり得るのです。

史上最高値更新でもバブルと言えない日本の株価

ところで、バブル時代の水準を上回った日経平均株価は、再びバブル的な高騰をしているのでしょうか。そう決めつけるのには無理があります。

例えばＰＥＲ（株価収益率）という指標があります。企業の純利益を１株当たりにすると

図表4-5 「適正水準」に正常化した日本の株価

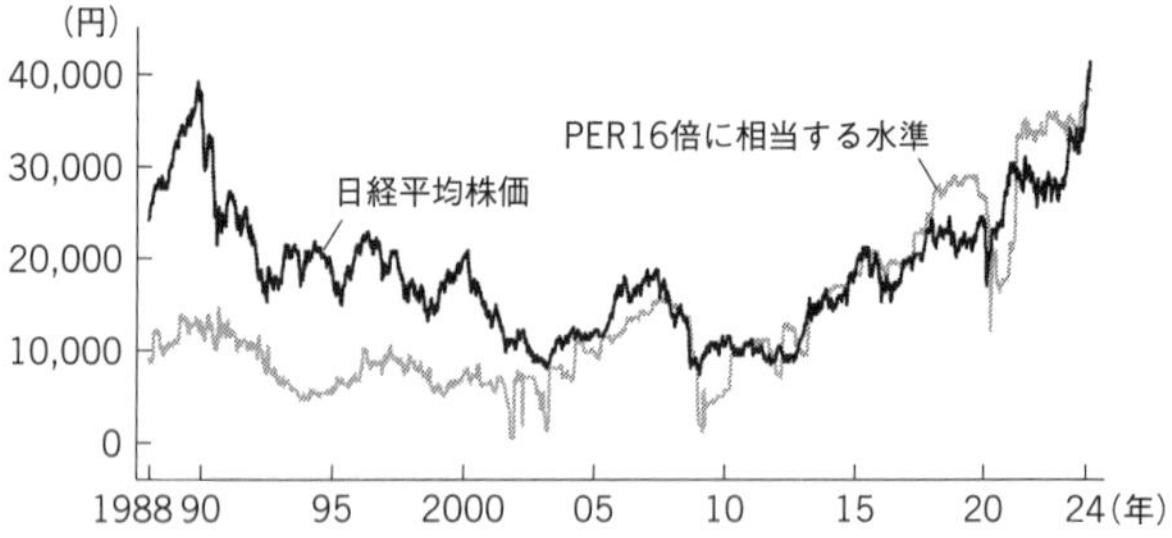

(注) 2024年3月末まで、PERのデータはニッセイ基礎研究所の井出真吾氏提供

どのくらいかを計算し、株価がその何倍になっているかを示す尺度です。

だいたい14～16倍くらいが「適正」とされますが、バブルピーク時の日経平均株価は60倍もの水準になっていました。企業が稼ぐ利益と比べて過度に高いという意味で、文字通りバブルだったといえます。

では、今はどれくらいかというと、17倍程度(3月末)です。適正レンジの上限である16倍に相当する株価水準をやや上回る程度です(図表4–5)。

「バブル時代には、PERの適正水準に相当する日経平均株価は1万円くらいなのに、実際の株価はその4倍くらいありましたからバブルと見なせましたが、今はバブルとは言えません」(ニッセイ基礎研究所の井出真吾氏)

もはや日銀の買い支えは不要に

バブル崩壊から30年以上が過ぎ、様々な調整過程を経て、企業はグローバルな経済成長の果実を取り込みながら、稼ぐ力を強めました。結果として、株式市場では、バブル時代と同程度の株価が「適正」と見なされ得る状況になったのです。

であれば、もはや日銀による株価の買い支えは不要でしょう。あとは民間企業、民間投資家の手で株式市場を運営してほしいというメッセージが日銀から発せられたようにも見えます。株式市場でお金を調達する企業も、お金を運用する投資家も、ともに日銀への甘えを捨て、「脱日銀」を進めるべきなのです。

もっとも、注意すべき点があります。日銀は今後、株に関して小幅ながら「売り」に専念する方向になり、いずれかつて銀行から買った株式の売却も無事、終える可能性がありますが、それでも、巨額の保有ETFの扱いをどうするかという問題は残ります。

保有ETFをどうするかの問題は残る

保有ETFの扱いをどうするか、日銀は明確な姿勢を示していません。筆者が取材する限り、少なくともすぐに売る考えはない様子です。

ただ、仮に銀行から買った株式の処分（年間3000億円程度）が2026年3月にスムーズに終わるなら、同年4月以降、ETFも同程度の売却は可能とも考えられます。

しかし、ETFの保有規模は、24年3月末時点で時価約74兆円（ニッセイ基礎研究所の井出真吾氏推計）に膨れあがっています。年間3000億円程度の売りでは240年以上かかる計算です。かといって、かつて銀行から買った株の売却と同様の10年計画にすると、年間約7兆円の処分。株価への悪影響も懸念されそうです。

ETFの分配金収入は貴重な財源か

もっとも、日銀がETFの売却に慎重になる理由は、株価への悪影響の懸念だけではなさそうです。

ETFからは年間1兆円を超える分配金収入（2022年度）があり、既に保有する国債から得る利息収入に迫る規模になっています（図表4-6）。日銀内にはこれを貴重な財源と見る空気があるのです。どういうことでしょうか。

日銀が今後、無担保コール翌日物金利（翌日物金利）の誘導水準を上げる利上げを進めて

図表4-6　日銀が得るETF分配金は国債利息に迫る

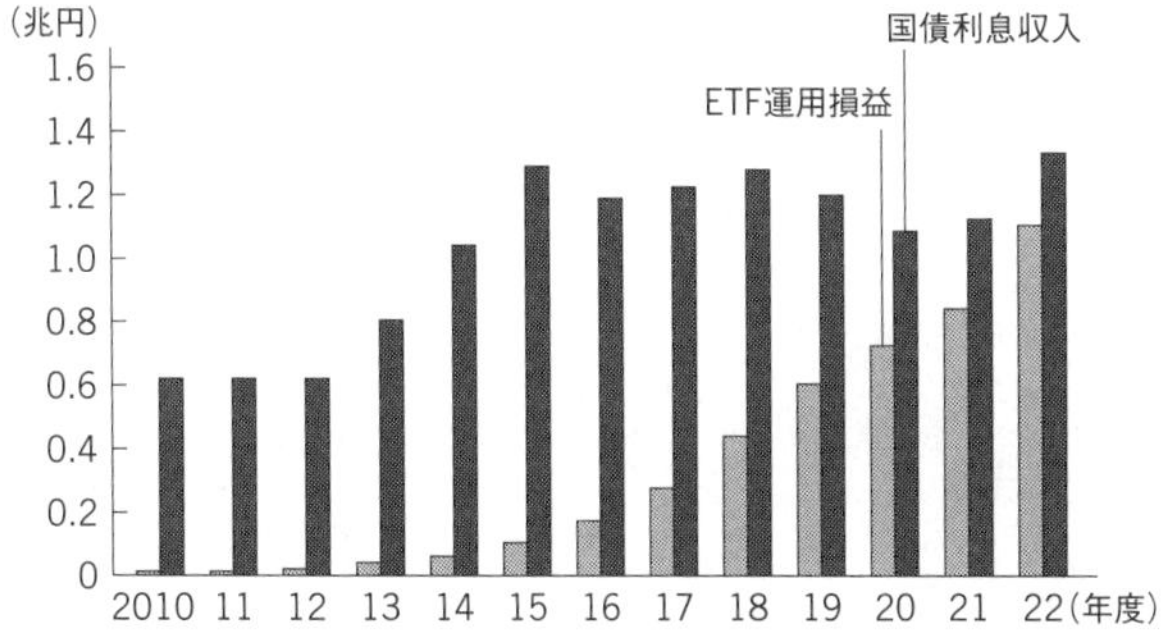

（注）日本銀行決算資料を基に筆者作成

図表4-7　大規模緩和のもと高水準に膨張した

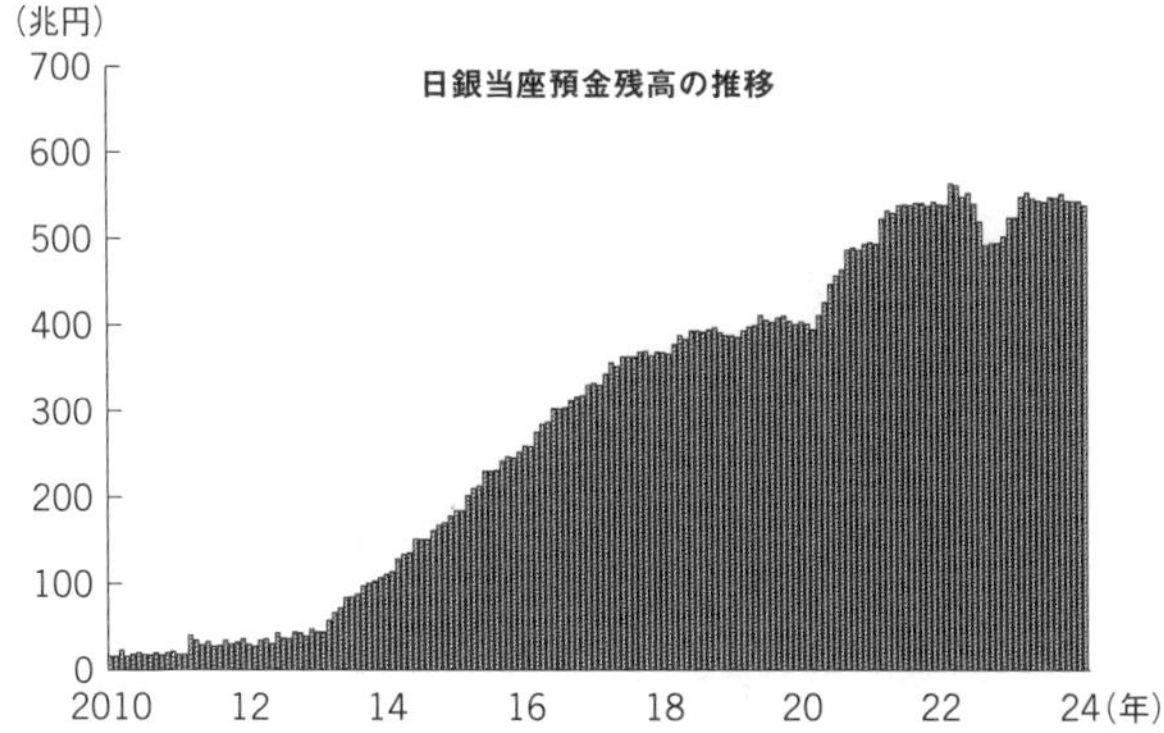

（出所）日本銀行

いく場合、金融機関が日銀に持つ当座預金（日銀当座預金）に積まれたお金のうち、大部分を占める超過準備という部分にかかる金利（付利）を上げていくやり方を取ることは、第2章で述べました。

ここで重みを持つのが、異次元緩和のもとで日銀当座預金残高が膨れあがっている点です。500兆円を超える水準で大部分が超過準備です（図表4-7）。単純な計算ですが、その付利が0・25％ずつ上がるごとに、年1兆円を超える金融機関への追加的な支払いが必要になります。

赤字になりかねない日銀

一方で、日銀はどの程度の利益を得ているのでしょうか。2022年度の日銀決算で最終利益に相当する当期剰余金は約2兆円。これは、現行日銀法の施行（1998年）以降で最高になったというのですが、それでも、翌日物金利を0・5％上げたときの追加的な支出で消え、赤字になりかねないという話です。

仮にETF分配金がなくなり利益が減れば、そうした事態がより早く起きかねません。財務悪化に対処するため、引当金を取り崩す手もあります。ただ、引当金などからなる日銀の「自己資本」は、22年度末で12兆円程度。仮に０・５％を超える水準へ利上げを進めていくなら、何年かで債務超過になる恐れすら出てきます。

もっとも、以下の点にも留意が必要です。

まず、金融政策の正常化に伴って日銀の資金供給量が減っていけば、当座預金残高は縮小していきます。既に述べた通り、日銀が資金供給をする際にまず振り込まれる先が当座預金ですが、逆に日銀の資金供給量が減れば当座預金残高も小さくなります。当座預金残高が縮小すれば、銀行に支払うお金も減っていくはずです。

一方、金利上昇局面では日銀が利上げするだけでなく、日銀が持つ国債利息の収入も、新たに買った分から徐々に増えます。このように考えれば、財務の悪化は短期的なものにとどまる可能性も指摘されます。

植田和男総裁も23年秋の講演でこう語りました。

「（大規模な金融緩和策の）出口局面入りしてからしばらくの間、中央銀行の収益は下押しされることになります。もっとも、その後は、当座預金の減少に伴い支払利息が減少していきます。その一方で、一定量の保有が必要な国債に関しては、いずれかのタイミングでは、満期償還時に再投資していくことになります。そうなれば、金利が上昇する中で、保有国債は順次利回りの高いものに入れ替わり、受取利息が増加していきます。このため、その時々の経済・物価・金融情勢とそれに基づく金融政策運営に依存しますが、やや長い目でみれば、通常、中央銀行の収益はいずれ回復していくことになります」

政策がしっかりしていれば問題はないとの見方

中銀が短期的に赤字や債務超過になったところで、政策がしっかりしていれば大きな問題ではないという声もあります。実際、いち早く出口政策を実施した米連邦準備理事会（ＦＲＢ）は収益の赤字化が見られましたが、それを理由にドルが売られるなどの混乱は起きませんでした。

植田総裁も前出の講演でこう語っていました。「通貨の信認は、中央銀行の保有資産や財務の健全性によって直接的に担保されるものではなく、適切な金融政策運営により『物価の安定』を図ることを通じて確保されるものとなっています」

もっとも市場の反応には予断を許さない部分もあります。日銀の財務の赤字化を材料に円売りが進むリスクです。したがって財務状況はできれば健全な方がよく、日銀にはＥＴＦの分配金収入はあった方がいいとの思いもあるようです。植田総裁も２０２３年６月の国会で

図表4-8 東証プライム市場時価総額の7%に相当

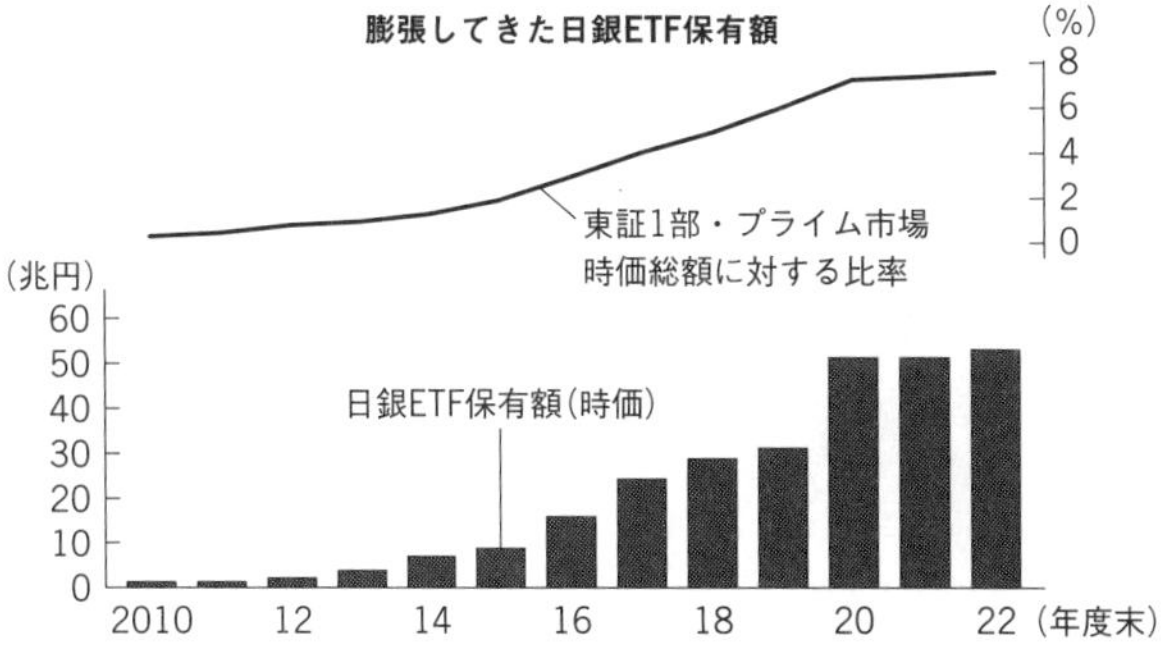

(注) 時価総額は21年度末まで東証1部、22年度末はプライム市場
(出所) 日本銀行、東京証券取引所

は、大規模緩和政策の出口でETFを持ち続けることを「ひとつの選択肢」と語っていました。

株の「買い支え」終わっても「持ち支え」続く?

いずれにせよ、株価や日銀財務への影響という点を考慮すると、日銀が保有ETFをすぐに売る展開は想定しにくいかもしれません。

とすると、日銀の株式市場への関与も完全には消えません。日銀は確かに株価の「買い支え」はやめましたが、巨額のETF保有が続く限り株価の「持ち支え」は続くとも言えます。

日銀が持つETFは、東証プライム市場の時価総額の7%に相当する規模。日本株の実質的な最大保有者です(図表4-8)。日経平均株価が過去最高値を更新するなど、株価は順調に上昇してきましたが、それを最も多く持っているのが中央銀行という光景には、違和感が拭えません。

「買っちゃったもの」――。植田総裁は2024年1月の記者会見で、ETFについてそんな言葉を使ったことがありました。日銀が巨額の株式を保有し続ける現状に、学者出身の総裁も内心では違和感を持っているとの印象を与えました。将来、何らかの形で処分に着手する可能性も否定はできません。

日銀がETFを売っても株価が崩れないときに初めて、本当の意味で株式市場の日銀離れが実現するのではないでしょうか。

ところで、日銀が当初、株式やETFの買い入れを始めたとき、円の価値の裏付けとなる日銀の資産を傷めかねない危険な政策との指摘もありました。実際、FRBや欧州中央銀行（ECB）は、株式を金融政策として買っていません。

中銀の資産が通貨の信用を裏付けるとはどういうことでしょうか。中銀が市場から資産を買うと、それは中銀の貸借対照表（バランスシート）資産側に計上されます。一方、その見合いで発行された通貨が負債側に計上されます。結果として、前者が後者の信用を裏付けるのです。

日銀はむしろ巨額の利益を得た

もっとも、株式を買った日銀の政策が、日銀の資産を傷めて円という通貨の信用に悪影響を及ぼすという懸念は、現時点では杞憂《きゆう》だったといえます。むしろ逆に、日銀に巨額の利益をもたらしたからです。

例えば、銀行保有株買い取りは、出口政策を始めた２０１６年春時点で、簿価（約１兆３０００億円）とほぼ等しいくらいの含み益がありました。規模という意味でそれよりはるかに大きいのが、ＥＴＦ買い入れで得た利益です。日銀保有ＥＴＦ（簿価約37兆円）の含み益は、24年３月末時点で約37兆円となりました（ニッセイ基礎研究所の井出真吾氏の推計）。上述した通り、毎年得る分配金も多く、それを合計すると22年度までで４兆円を超えました。

どうして巨額の利益が生まれたのか――。その理由を探ると、新ＮＩＳＡを使って投資を本格的に手掛けようとしている個人投資家にとってのヒントも得られます。

株価低迷時に買い利益

まず銀行保有株買い取り策から見ていきましょう。

大きな利益を得たのは、図表4-9の通り、株価低迷時に買ったからです。日本の金融システムに不安感があった2002年からの2年間や世界的な金融危機後の09～10年です。銀行が損切りしたいと持ち込んできた株を含め安値で購入。それが値上がりました。

次にETF購入。この政策を始めた10年以降の日本の株価は、大局的に見れば右肩上がりのトレンド。ETF買い入れで利益が出たのは、自然とも言えます。

ただ、東日本大震災、欧州債務危機、英国の欧州連合（EU）離脱決定、新型コロナウイルス危機など市場心理が悪化した局面もありました。それにしては運用成績に安定感があったのも特徴です。図表4-10の通り、月次ベースで含み損が生じた時期はそれほどなかったですし、評価損の規模もあまり目立たないくらい小さかったのです。

2重のリスク分散で安定した運用成果

前出のニッセイ基礎研の井出氏の推計によると、日次ベースでは、コロナ危機時の

図表4-9　株価低迷時に買って高値で売る

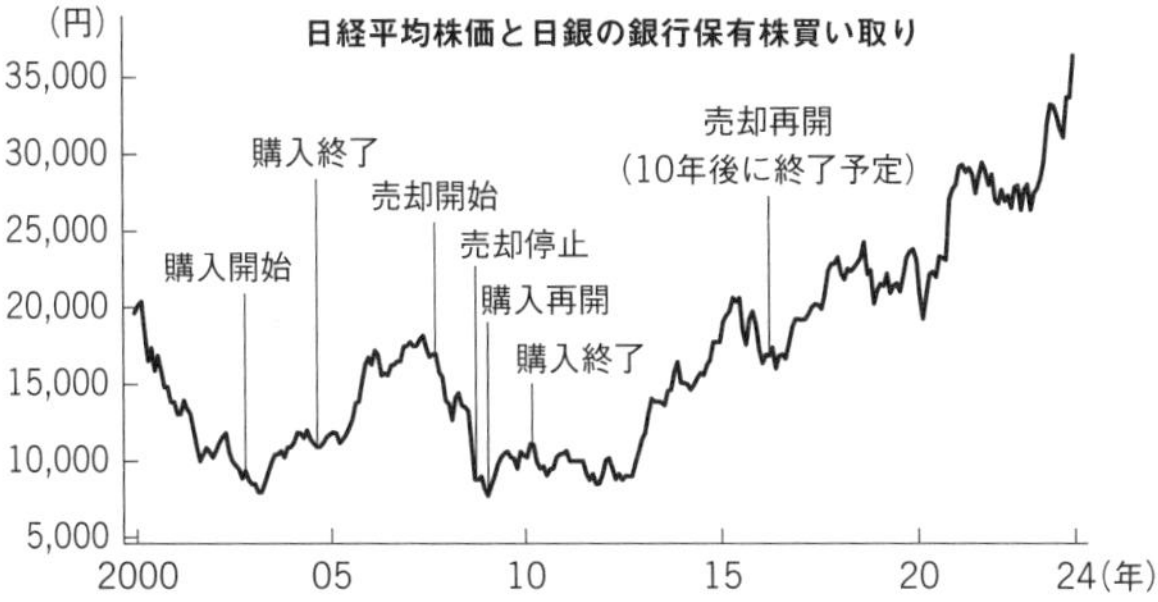

(注) 日本銀行公表データなどを基に筆者作成

図表4-10　含み損になったことはあまりない

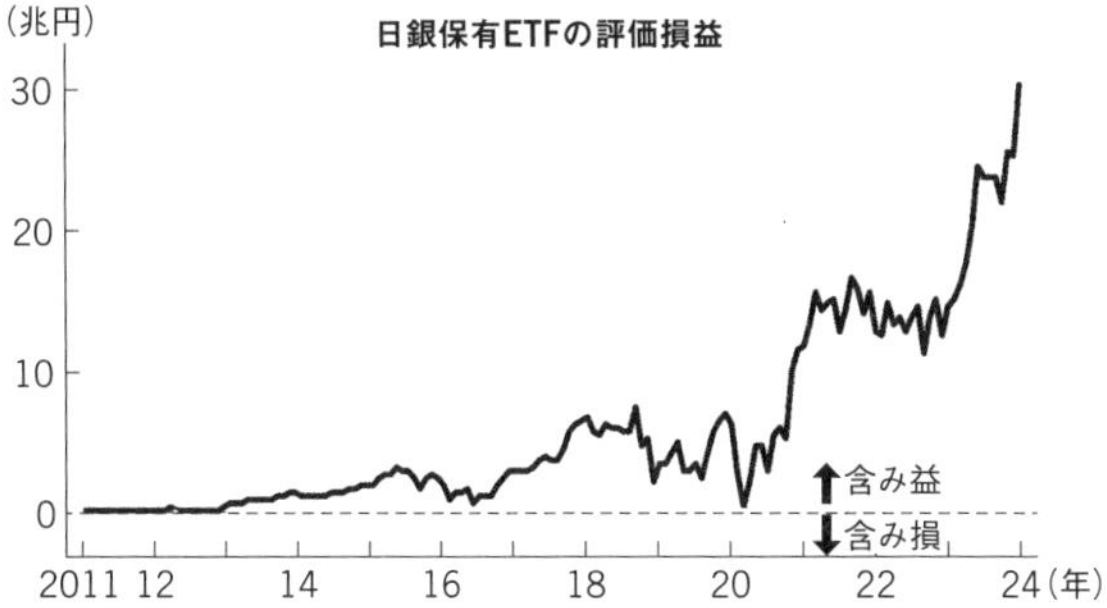

(注) ニッセイ基礎研究所・井出真吾氏の推計値 (24年1月までの月末値)

2020年3月中旬に3兆5000億円程度の含み損になったこともあります。もっとも、当時の簿価の1割をやや超える程度にとどまったと見られ、月末には評価損益がプラスに戻りました。

安定感があった理由は、2重のリスク分散です。株価指数に連動するETFの買い入れによって購入対象の銘柄の分散効果を出し、株価が下がった日に買いを積み重ねる地道な対応で「時間の分散」もしました。

買い入れ基準は非公表ですが、既に述べてきた通り、東証株価指数（TOPIX）の午前の下落率を使ってきたと見られています。

スタート当初は「1%ルール」で

政策開始当初は、基本的にTOPIXの午前終値が前営業日終値と比べて1%超下がった日に買っていました。「1%ルール」です。その後、量的・質的金融緩和（通称、異次元緩和）のもとでハードルをもっと下げた時期もあり、一時年間購入額が4兆～7兆円くらいに膨らみました。2021年春の政策修正で買い入れにメリハリをつける方針になってからは、基準も2%超まで上がったようで、年間の購入額は大きく減りました。

ＥＴＦ買い入れについて、運用業界には投資の機会を奪われたとの批判も根強くあります。日銀が買ってしまうため、安値で株を購入できなくなったという指摘です。民業圧迫の面があったのは事実でしょう。株価をゆがめる副作用に批判が根強かった点もよく認識しておくべきです。

ただ、日銀の株式購入には、民間投資家がリスクを取らないから代わりに取った側面もあります。世界的な金融危機後の銀行保有株買い取りや、コロナ危機時のＥＴＦ購入などが当てはまります。危機対応としては一定の意味もあったと考えられます。

新ＮＩＳＡ利用の個人にもヒントに

こう見てくると、「日銀が株で巨額利益を得た20年間」には、新たなＮＩＳＡを利用して投資を本格的に始める人にとってヒントになる要素もありそうです。

銀行保有株について、日銀は悲観的な空気のなかで皆が株を放り投げたような局面に買いました。ＥＴＦに関しては、株価が多少なりとも下落した日に、感情を排して機械的にコツコツと買い入れを続けました。株価指数に連動するＥＴＦの購入には、投資する銘柄を広く分散させる効果もありました。このように購入の時期や対象を分散すると、リスクを抑えや

図表4-11　日銀による株式売買の経緯

（年／月）	
2002～04	金融システム安定策として銀行保有株の買い取り実施
2007～08	銀行から買った株式の売却をいったん実施
2009～10	銀行保有株の買い取りを再び実施
2010/12	包括金融緩和によるETF購入開始（年4,500億円）
2013/4	量的・質的緩和でETF購入額年1兆円に
2014/10	追加緩和でETF購入額年3兆円に
2015/12	緩和補完措置でETF購入額年3.3兆円と決定
2016/4	かつて銀行から買った株式の処分開始（10年間で完了）
2016/7	追加緩和でETF購入額年6兆円に
2020/3	コロナ対応でETF年間購入額の上限12兆円に
2021/3	政策修正でETF購入は株価が大きく下落したときに限定
2023年度	ETF購入が大幅減少、株式の売り手に転じたもよう
2024/3	ETFの新規購入の終了決定（株は売りに専念へ）
2026/3	かつて銀行から買った株の処分終了予定

（注）日本銀行公表資料などを基に筆者作成

すくなります。

株式を安値で買いリスクも抑えたこれらの手法には、もうけるために株を買ったわけではない日銀だからこそ実践できた面もあったかもしれません。中央銀行と民間投資家では取れるリスクに違いがあり得ますし、日銀による大規模な資金投入自体が株価を下支えし日銀の投資収益率を上げた可能性もあるでしょう。

とはいえ、日銀のやり方が安定的な利益を生んだのも事実です。過去うまくいったやり方が将来も通用する保証はありませんが、日銀の行動は、個人投資家にとっても参考になるものだと考えられます。

もちろん、このように日銀が得た利益の裏側に、政策がもたらした副作用があった点も忘れてはいけません。

中央銀行による株価形成への関与の副作用は、株価が企業価値を示す本来の機能を発揮しにくくなることです。

例えば、経営に問題がある企業の株価は下落し、経営者に反省を促すといった機能を株式市場は発揮し得るのですが、株価が下落しなければ経営者は問題に気づかないままになり、問題が放置されてしまいます。

上述した通り、民間投資家の資産運用の機会を奪ってしまうという問題もあります。日銀が買い支えてしまうため、安値で買いにくくなるという問題です。

ETFは「どうにかしなければいけませんね」と黒田総裁

ちなみに、日銀の幹部が、2016年以降、ETF購入が急膨張していた時期に黒田東彦総裁に話を聞いた際の次のような言葉が筆者の取材メモに記されています。「あれは、どうにかしなければいけませんね」。発言が事実とすれば、記者会見の場では聞けない黒田氏の本音だったかもしれません。

第5章

なぜインフレになったのか、どう発想を改めるべきか

日銀による17年ぶりの利上げという大きな転換点が来たのは、長年、デフレに苦しんできた日本経済が、ついに「インフレの状態」（植田和男総裁）になったためです。

では、その裏側で、どのような時代の変化が起きているのでしょうか。私たちはそれをどう受け止め、どう発想を改め、どう対応したらいいのでしょうか。

市場環境は好転も所得環境の改善は不十分

図表5−1は、異次元緩和開始前（2013年3月）と今回の金融政策の枠組み見直しの直前（24年2月）の経済・市場環境の簡単な比較です。

見て取れるのは、円高や株安が修正された点です（円安は行き過ぎたと言えますが）。長期国債の思い切った買い入れによる資金供給や大規模な上場投資信託（ETF）購入を通じた株価下支えが背景でしょう。

それらが企業収益の改善をもたらし、雇用環境を改善させたのも事実です。新型コロナウイルス危機時のように、日銀の資金供給が人々の心理悪化を防ぐ効果で意味を持った局面もありました。大胆な金融政策とは、そういうときこそ効果を発揮するのかもしれません。

既に述べてきた通り、賃金も上がってきました。とはいえ、先行して進んだ物価高の分を

図表 5-1　日銀はこう動き、経済・市場はこう変わった

（異次元緩和開始前と終了直前の比較）

	異次元緩和開始前（13年3月）	異次元緩和終了直前（24年2月）
▼日銀の資金供給		
マネタリーベース（資金供給量）	135兆円	662兆円
ETF保有残高（簿価）	1.5兆円	37兆円
▼市場環境		
日経平均株価	1万2,000円台	3万9,000円台
ドル円相場	1ドル＝94円台	150円程度
10年物国債利回り	0.5％台	0.7％台
▼物価情勢		
消費者物価上昇率（生鮮食品除く）	▲0.5％	2.8％
▼雇用環境		
完全失業率	4.1％	2.6％
▼所得環境		
名目賃金上昇率	▲1.4％	1.8％
実質賃金上昇率	▲0.3％	▲1.3％

（注）▲はマイナス、2024年2月のデータは速報値を含む
（出所）日本銀行、厚生労働省、総務省、QUICK

差し引いた実質賃金の伸びはなおマイナスにとどまっています。生活者にとって重要な所得環境の改善は不十分です。豊かさをあまり感じにくい理由です。金融政策の限界を示したといえそうです。

もちろん、2024年の春季労使交渉の回答に出た高い賃上げが今後実現していけば、実質賃金もプラスに転じていく可能性はあるでしょう。ただし、そうした変化は金融緩和だけでもたらされたわけではないと考えられます。もっと構造的な大きな変化が日本や世界の経済に起きている事実に目を向けるべきです。

物価情勢を変えたコロナ危機とウクライナ戦争

まず、世界の物価情勢を大きく変えた2つの要素について考えましょう。新型コロナウイルス危機とウクライナ戦争です。

2020年以降、世界を襲ったコロナ危機。物価への影響について当初は専門家の見解が割れていました。

まず物価を押し下げるという見方。ウイルスの蔓延で、企業も個人も投資や消費の活発な活動を控えざるを得なくなるからです。

反対にインフレになるとの指摘もありました。生産や物流の混乱で企業が自由にモノを売るのが難しくなったり、ウイルス感染を恐れる個人が働くことを控えたりします。となると個人は高い値段でもモノを買わざるを得なくなりますし、企業も高い賃金を払って人を雇う必要が出てきます。物価上昇圧力が働くというわけです。

正しかったのは後者でした。影響が一足早く出たのは海外です。

コロナ危機はデフレでなくインフレを招いた

米国では、コロナ禍のもとでの生産・物流の混乱（いわゆる「巣ごもり消費」が盛り上がる一方、商品の円滑かつ十分な供給はしにくいという問題も起きました）や人手不足が物価に上げ圧力をかけましたが、中央銀行の米連邦準備理事会（ＦＲＢ）は当初、物価高を一時的と見ました。企業も個人もいつまでもコロナ禍のもとで動きを控えるわけにはいかないからです。

実際、やがて経済活動は再開し始めますが、高齢者層を中心に、職場を離れた人のなかには仕事に戻らない人もいました。インフレ圧力を生んだ人手不足の解消には時間がかかることになります。コロナ危機に対応するために実施された財政支出も、根強いインフレ圧力の

図表 5-2　円安が輸入物価上昇に拍車をかけた

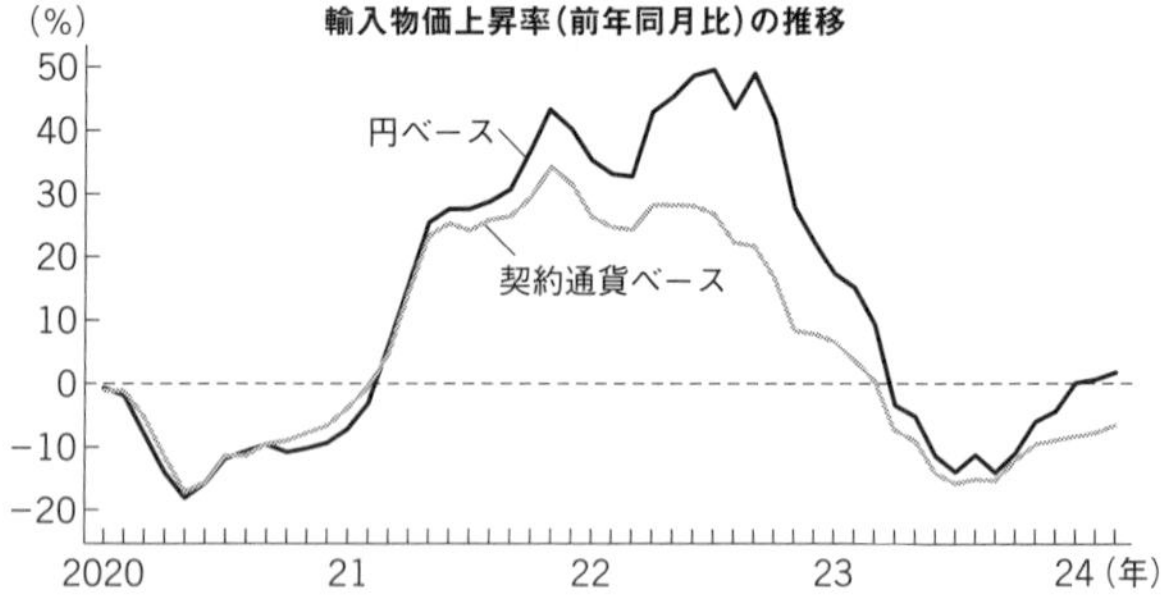

（出所）日本銀行

背景となりました。一方で経済活動再開の空気などに反応して、原油をはじめ商品の価格の上げ圧力は増すようになります。

こうなると、いったん広がった人々のインフレ心理は早期に鎮静化しにくく、インフレは一時的なものにとどまらなくなります。21年の年初にＦＲＢの目標である2％を下回っていた米国の消費者物価上昇率（前年比）は、年末に7％程度を記録しました。

海外のインフレはすぐに日本に大きな影響を与えることはありませんでしたが、原油価格上昇の影響などから輸入物価は上がりました（図表5-2）。

これは資源を海外から輸入する企業の経営に影響を及ぼす話ですが、長年物価があまり上がらない状態が続いてきた日本では、製品の価格に転嫁するのは簡単ではなく、消費者物価の上昇にすぐには結びつきませんでした。ただ物価高の素地は形成されていたといえます。

物価高への「決定打」になったウクライナ戦争

日本の物価情勢にとって「決定打」になったのが、22年2月のロシアによるウクライナ侵略でした。同年4月に物価上昇率は日銀が目標とする2％の大台に乗り、以来2％を下回っていません（図表1−5）。

ウクライナ戦争が日本の物価に強い上げ圧力を加えた経路は、主に2つありました。

まず、国際的な商品市況が上がり、輸入依存が高い日本の物価が影響を受けました。米原油指標であるＷＴＩ（ウエスト・テキサス・インターミディエート）や、主要商品の国内卸価格で算出する日経商品指数17種の動きは図表5−3の通りです。

ロシアのウクライナ侵略が原油などの値段を上げたのは、欧米の経済制裁でロシアの資源輸出が滞るとの見方が広がったためです。

ウクライナ自体も代表的な穀倉地帯とされます。ロシアの軍事侵略を受け、同国からの世界に対する小麦の供給が減って、食料価格が上がる図式が意識されるのは当然です。

ウクライナ戦争が日本の物価を上げたもうひとつの経路は、急速な円相場の下落です。そ

図表5-3　商品市況の高騰がインフレ圧力を強めた

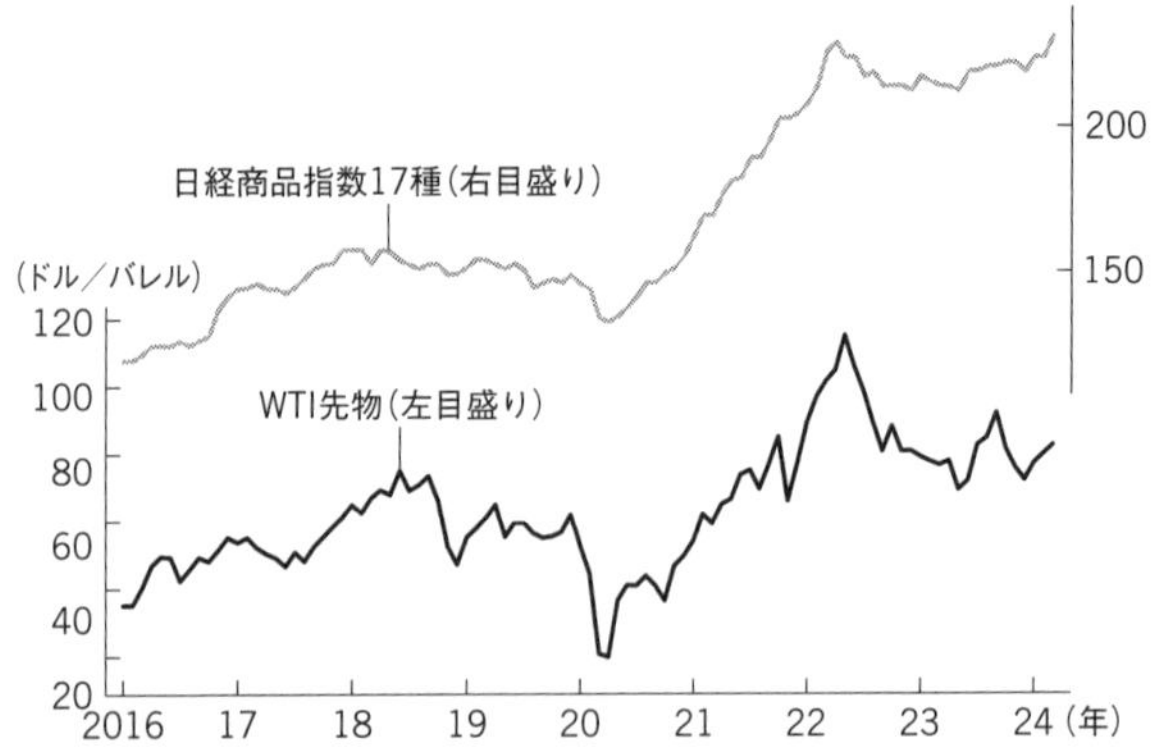

（出所）QUICK

れを招いたのが、ＦＲＢによる異例の大幅利上げでした。

先ほど述べた通り、ロシアによるウクライナ侵略が起きる前から米国では物価上昇圧力がかなり強まり、ＦＲＢが当初「一時的」と見ていた物価高はそう簡単に終わりそうになくなっていました。

そこで、ＦＲＢは22年3月の米連邦公開市場委員会（ＦＯＭＣ、日銀の金融政策決定会合に相当）で、コロナ危機対応のために手掛けてきたゼロ金利政策の解除を決めました。

米利上げが円安を招き輸入物価上昇に拍車

22年に、米国の消費者物価上昇率が９％を

図表5-4 米国な急激な利上げ受け円安進行

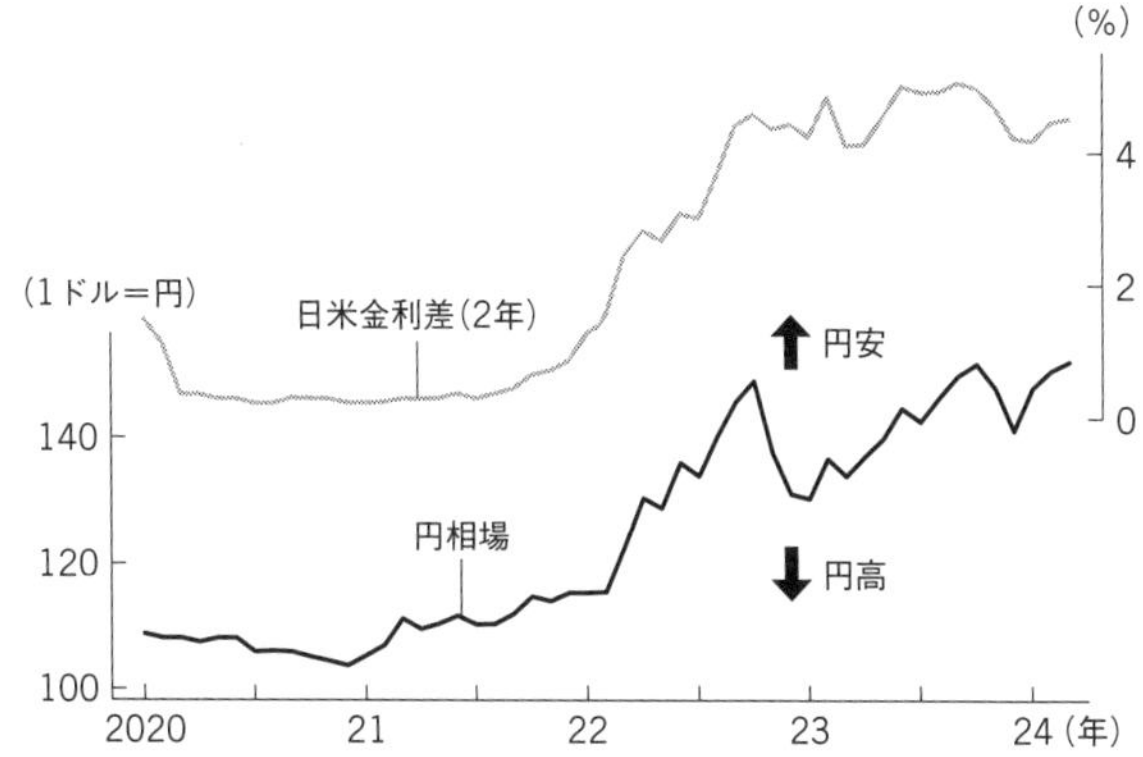

(出所) QUICK

突破する局面も出てくるようになるなか、その後の利上げ幅は当初の想定を大幅に上回り、年末時点の政策金利は4・25~4・5%になったのです。市場の米金利も急上昇しました。一方日本側では、日銀が国債の利回り上昇を抑えつけていましたから、図表5-4の通り両国の金利差は拡大。金利面で有利になるドルが買われ、円は売られました。

円安・ドル高が進むと、日本の輸入物価に上昇圧力がかかるのが普通です。日本の輸入はその多くをドルで払っており、円の力が弱くなると、より多くの円を用意しないとドルを手当てできなくなるからです。

ただでさえ、資源高、食料高が進んでいたのに、そこに円安が加わったのですから、輸入物価の上昇に拍車がかかって当然です。

再び図表5-2を見てください。契約通貨ベースというのが、ドルなど外貨建てのもともとの輸入品の価格です。2022年に入り、それに対して円ベースの方が割高になった様子が見て取れます。円安の影響です。

ウクライナ戦争による資源高・食料高に円安による効果も加わり、日本に物価高圧力が一気に「上陸」しました。長年、物価低迷状態にあった日本ですが、さすがに値上げが進み、22年4月以降、消費者物価は2%を上回ったのです。

ただ、注意してほしいことがあります。資源高・食料高による物価上昇はいつまでも続くはずはない点です。例えば原油価格が毎年のようにずっと上昇するとは考えにくいからです。実際、図表5-3のように、商品価格の上昇はいったん止まりました。日本の消費者物価の上昇率も3%台から2%台へと縮小してきました。にもかかわらず、かつてのようにゼロ%近くまで下がっていません。

なぜでしょうか。

物価に上げ圧力をかけてきた働き手の不足

背景にあるのは、日本の人口に生じている変化です。働き手が急速に減り、企業は賃金を上げないと人を雇えなくなっているのです。

賃金を上げれば、その分、製品価格に転嫁せざるを得ません。一方、賃金が上がれば、消費者にはその値上げを受け入れる余地も出てきます。こうした２つの面から、物価に上昇圧力がかかる構造的な変化が起き始めました。

まず、働き手の減少がどの程度進んでいるかを見てみましょう。

一般的に働き手と見なされる15～64歳の人々の数を、生産年齢人口と呼びます。その数は、２０２３年10月１日時点で７３９５万２０００人（総務省の人口推計）でした。前年の同時点と比べて25万６０００人の減少です（図表5－5）。総人口に占める割合も59・５％と過去最低に近いレベルで低迷しています。

働き手の減少を生んでいるのは、社会全体としての少子高齢化です。前出の統計で、15歳未満の人口は１４１７万３０００人。割合は11・４％で過去最低でした。

少子化の裏側には非婚化がありますし、仮に結婚しても子供をつくるとは限らない点もあ

図表5-5　総人口の減少より目立つ「働き手」の減少

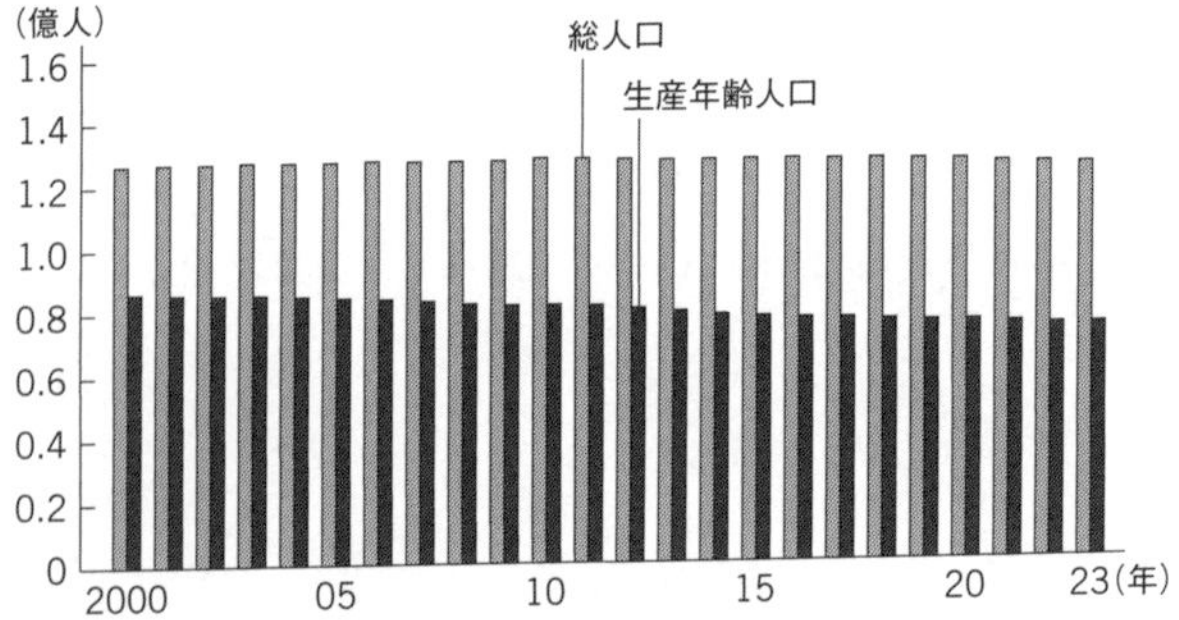

(注) 生産年齢人口は15～64歳、各年10月1日時点
(出所) 総務省

ります。

もっとも、少子化の流れは、既にそれなりの期間進んできたはずです。それが、賃上げ圧力を生んでこなかったのはなぜでしょうか。これまで社会進出が十分でなかった女性、あるいは高齢者が働き手になり、その穴を埋めてきたからです。

働き手不足の穴を埋めてきた女性や高齢者にも限界

それを示すのは、生産年齢人口とは異なる概念である就業者の数です。総務省が出しているその数字を見ると、過去10年程度では増加傾向で推移してきました。2023年平均では6747万人。10年前と比べて約7％増になっています。着実に増えてきたのも事実でしょう。女性や高齢者

図表5-6 就業者の増加も頭打ちになってきた

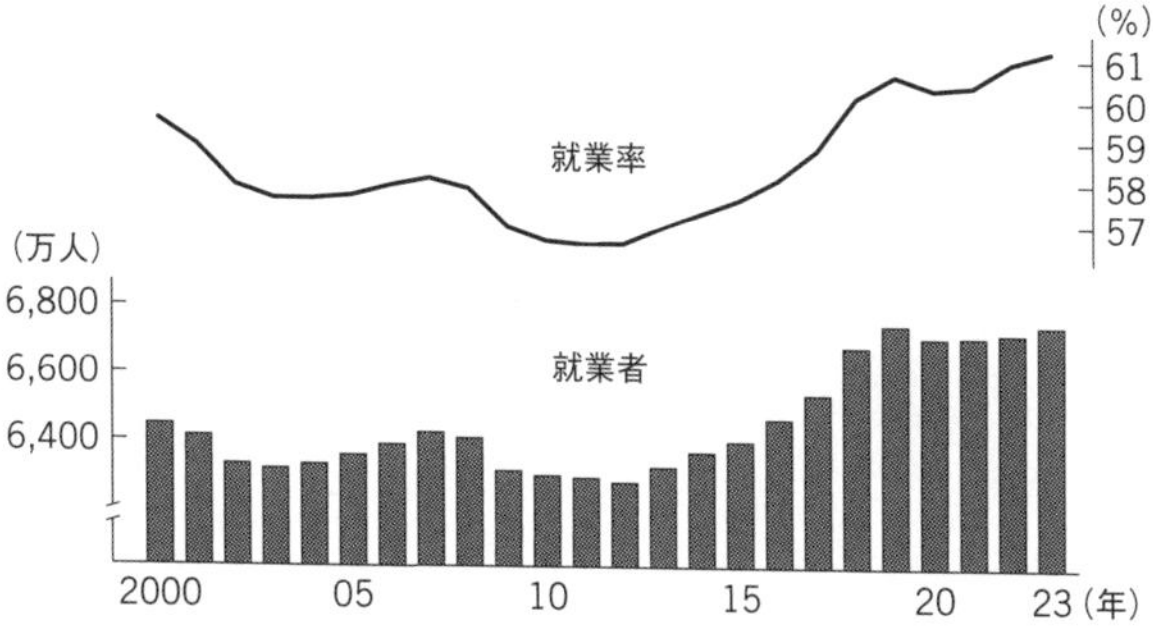

(注) 就業率は15歳以上の人口に占める就業者の比率
(出所) 総務省

が労働市場に加わってきた様子が見て取れます。

とはいえ、その労働力人口も、ここ数年の伸びはあまり大きくありません。頭打ちです(図表5-6)。女性や高齢者の労働市場への参加にも限界が見えてきています。いよいよ人手不足が深刻になります。しっかりと賃金を上げないと人を雇えない時代になってきました。24年の春季労使交渉で高い賃上げの回答が出た背景です。

円の対外的な価値も上がりにくく

構造的な変化としてもうひとつ重要なのは、為替市場で円高が起きにくくなったことです。2022年以降、急速に売られた円が、あまり買い戻されにくくなっています。

物価が円の国内における価値の変動を示すとす

れば、円相場は円の国外における価値の変動を示すといえます。物価高で前者の対内的な円の価値が下がりやすくなっているだけでなく、後者の対外的な円の価値もなかなか上がりにくくなってきました。それが円を取り巻く状況なのです。

円相場の史上最高値は、11年10月に記録した1ドル＝75円台です。こうした2ケタの円高の再現は、なかなか想像しにくいといえます。円相場は2年前の22年の初めには115円程度でしたが、そこまで買い戻されるのも簡単ではないかもしれません。

大幅な円高にはなりにくくなった構造的な理由を、以下で3つ挙げます。

日本の国際収支の中身に大きな変化

第1に、日本の国際収支の内容が大きく変わりました。

国際収支とは、貿易や投資などを通じた日本と海外とのお金のやり取りをまとめた統計です。そのうち日本の海外からの「稼ぎ」を意味する経常収支の黒字は、2023年には21兆4000億円と引き続き高水準です。

問題はその中身です。

経常収支の構成要素のうち、重要なものは主に貿易収支、第1次所得収支、サービス収支です。

まず、貿易収支と第1次所得収支について見ていきます。前者は輸出と輸入の差額、後者は海外への投資から得る利息や配当収入の動向を反映します。

20年前の03年（同年の経常収支は16兆1０００億円の黒字）には、貿易収支が12兆５０００億円の黒字、第1次所得収支が８兆６０００億円の黒字でした。

かつては投資でも貿易でも外貨を稼いだ

要するに日本は、貿易でも投資でも巨額の外貨を稼ぐ国でした。

このうち貿易で稼いだ外貨（主にドル）の多くは円に交換されるのが普通で、円高要因になります。例えば、自動車メーカーが海外にクルマを輸出して手に入れた外貨は、日本にいる従業員に賃金を払ったり、国内で設備をつくったりするため円に換えるからです。

一方の第1次所得収支、つまり利息や配当収入として稼いだ外貨は、海外に置かれたままにされ、現地で再び投資に充てられるケースも少なくないのです。そういう部分は、円高要因になりません。

かつての日本は前者の貿易黒字をたくさん計上していましたので、円高圧力がかかりやす

図表 5-7　投資だけで稼ぐ国になった

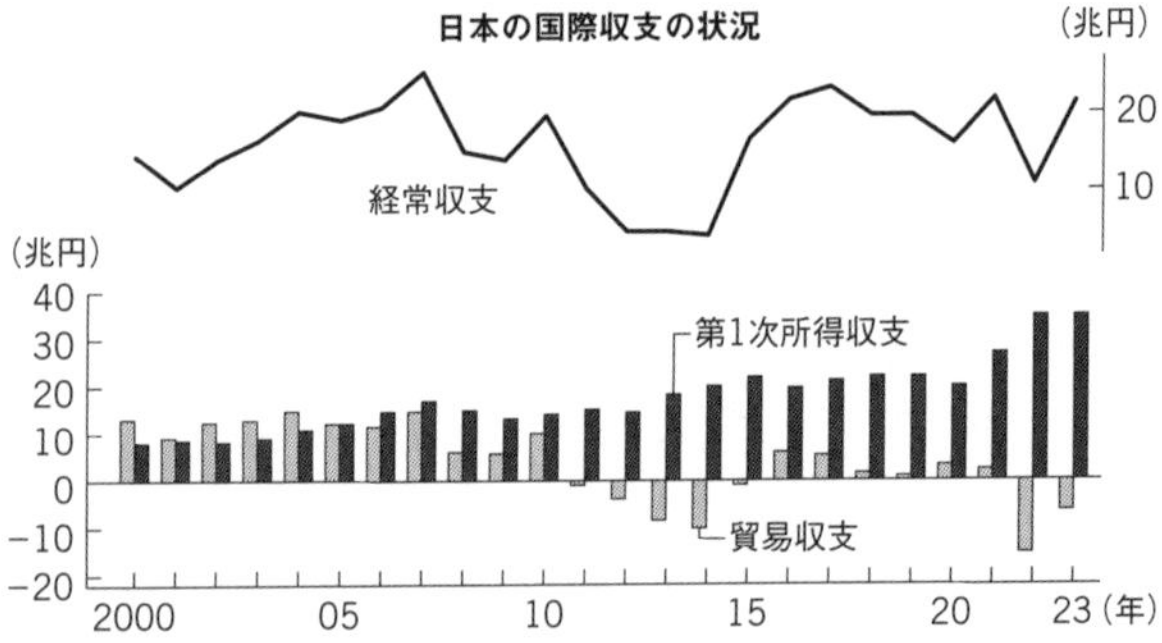

(注) プラスは黒字、マイナスは赤字
(出所) 財務省

かったのです。

投資では稼げるが貿易では稼げない国に

　ところが、2023年の日本の国際収支を見ると、経常収支は依然21兆4000億円の黒字、第1次所得収支も34兆9000億円もの黒字ですが、貿易収支は6兆5000億円の赤字です（図表5-7）。

　投資では稼げるが貿易ではそうではない国に変身してしまいました。前述の通り、投資での稼ぎは必ずしも円に交換されませんので、円高圧力はかかりにくいわけです。

　一方で、貿易収支が赤字になってくると、輸入するために手元の円を売って外貨を手に入れる必要がありますので、むしろ円安圧力がかかりやすくなります。

日本はなぜ貿易赤字の国になってしまったのでしょうか。

ここ数年では、ウクライナ戦争の影響もあって原油価格が急騰したことが、輸入額の増加を招いています。23年の輸入額は106兆9000億円。20年前と比べると2・7倍です。

一方、輸出は輸入と比べると伸びなくなりました。23年の輸出額は100兆4000億円。20年と比べて倍程度の規模です。背景には、16年に米国でトランプ氏が大統領に就くなど世界的に保護主義的な空気（海外からの輸入が増える結果、国内の生産が縮小し、雇用が減る現象を嫌う空気）が強まったことがあります。輸出するより、海外で現地生産して商品を売るよう迫られるようになりました。

急拡大するデジタル赤字、貿易赤字と大差なく

経常収支を構成するもうひとつの要素であるサービス収支にも、重要な変化が起きています。サービス収支とは、モノではなくサービスの取引に関する海外とのお金の受け取りや支払いを示します。

2023年のサービス収支は約2兆9000億円の赤字です。コロナ禍で落ち込んでいた

訪日外国人の数が回復、日本で使われる宿泊費や飲食費などが増えており、赤字額は03年当時（4兆1000億円）より縮小していますが、なおも海外にお金が出て行っている点に変わりはありません。

特に重要になるのは、いわゆるデジタル赤字に限るとかなりの高水準に膨らんでいる事実です。海外のIT企業が提供する様々なサービスを日本の企業や個人が活発に使うようになっており、その支払いが膨らんでいるからです。

日銀が23年にまとめた『国際収支統計からみたサービス取引のグローバル化』というリポートによれば、「デジタル関連収支の主な項目は、ウェブサイトの広告スペースの売買代金などが計上される専門・経営コンサルティングサービス、ソフトウェアのダウンロード代金やクラウド・サービスの利用料などが計上されるコンピュータサービス、ソフトウェアの製造・販売や音楽・映像の配信に伴う各種ライセンス料などが計上される著作権等使用料」の3つです。

いずれも日本が大幅な支払い超過となっており、3つを合計したデジタル赤字額は23年に約5兆5000億円もあります。03年当時は5000億円に満たない大きさだったものが、大幅に拡大しました（図表5-8）。

図表5-8 過去20年で急拡大してきた

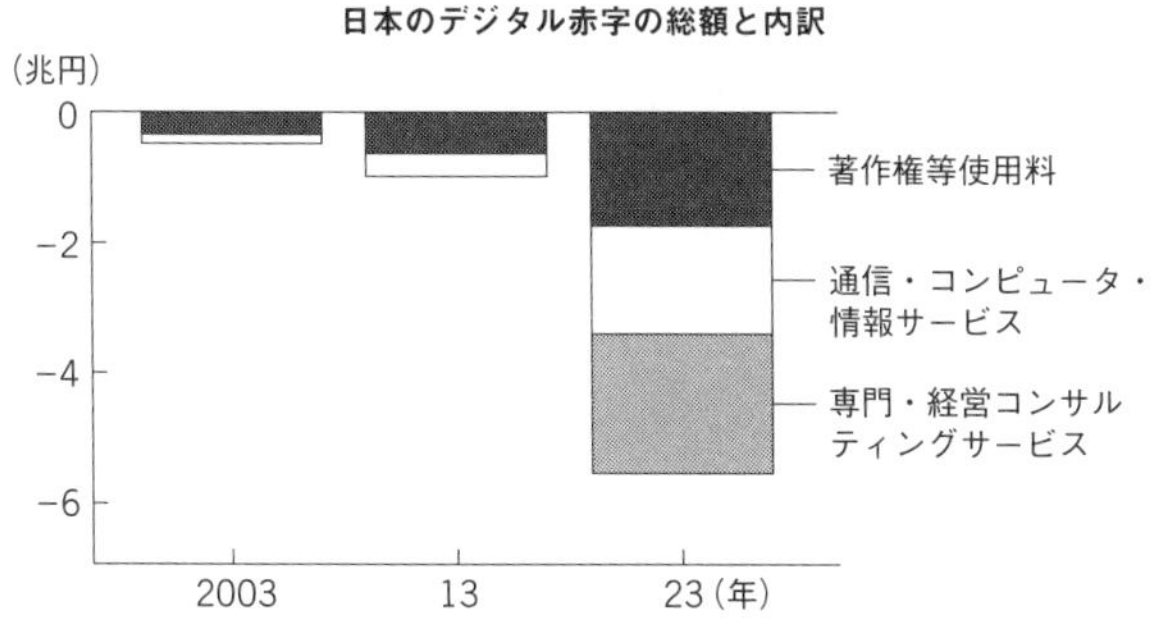

(注) 専門・経営コンサルティングサービスは2023年のみ
(出所) 日本銀行

デジタル赤字は今や貿易赤字額(約6兆5000億円)と大差ない大きさ。「デジタル収支の悪化は円安要因のひとつになる恐れがある」(三菱UFJモルガン・スタンレー証券の植野大作氏)と指摘されます。

企業や個人の対外投資が活発化

円買い圧力がかかりにくくなった第2の理由に話を進めましょう。企業や個人がこれまでためてきた円資金を海外に投資する動きが広まっていることです。

例えば企業の動き。先ほど述べた通り、保護主義的な空気が広がるなか、海外に工場を建てて、生産するよう迫られています。

少子高齢化に直面する日本では、働き手の確保も難しくなってきています。海外で生産した方がいいという企業の判断もあるでしょう。地震など日本の自然災害のリスクも経営者の心理に影響していると考えられます。すぐれた技術を持った外国企業をM&A（買収・合併）しようという動きも増えています。

こうした企業の行動を反映した数字が、海外直接投資額の急増です。2023年の対外直接投資（外国に投資をした分から投資を受け入れた分を差し引いた差額）は約26兆円。10年前（13年）から10兆円以上増えました。

個人のマネーも海外に流出するようになっています。新NISA開始に伴い、高い成長を続ける海外の株式で運用する投資信託が高い人気を集めているのは、その象徴でしょう。

企業が海外展開を進め、個人も海外への投資を増やすなら、そのために外貨を買う必要があり、円を売る動きが広がります。円高になりにくくなるのです。

「逃避先通貨」でなくなった円

円高になりにくくなった第3の理由は、円が「逃避先通貨」ではなくなってきた点です。投資家の間で不安心理が広がると日本の円が買われる——。かつては、これが為替市場の常識でした。2008年9月のリーマン・ショック、11年3月の東日本大震災、16年6月の英国の欧州連合（ＥＵ）離脱決定。いずれも市場心理が悪化した代表的な局面でしたが、円相場が上昇しました。そこで「逃避先通貨」と呼ばれてきました。

物価が持続的に下落するデフレに苦しみ、成長力も低下してきた日本の通貨が、マネーの「逃避先」と目されてきたのは奇妙な現象のようにも見えますが、それなりの理由がありました。

それは、低金利通貨の円が混乱時にはむしろ買われやすかった点です。

日本のように成長力の低下が指摘されてきた国の金利は、一般的に低くなります。こうした超低金利の通貨は売られやすいというのが、普通の理解でしょう。金利面の魅力が低いからです。

実際、投資家がリスクをとることに積極的になる局面では、投機筋の間で超低金利通貨の円を借りて、金利が高い通貨を買うキャリー取引が活発になりやすいといわれます。

しかし、市場の混乱時にはむしろ超低金利通貨の方が買われやすくなります。不安になった投機筋が、キャリー取引を一気に手じまいするからです。反対売買をするわけですから、円が買い戻されます。

さらに、重要なのは、かつてはこの動きが輸出企業のドル売りを巻き込んだ点です。企業の手元には輸出で稼いだ豊富なドルがありましたが、キャリートレードの巻き戻しによる円高でそのドルが減価するのを嫌う企業が、一気にドルを売りました。結果として、円がさらに急騰しやすくなりました。

以上のような理由から、円は「逃避先通貨」と呼ばれてきましたが、そこに変化が起き始めています。

日本は超低金利から脱する方向にあります。今回決まったマイナス金利解除はその象徴です。もっとも、海外との金利差はなお小さくないので、借りた円を売って、外貨を買うキャリートレードが消えるといい切れるわけではありませんし、市場心理が悪化したときにその巻き戻しも起こり得ます。

ただし、ここで重要なのは、その際に企業のドル売りを巻き込む現象が起きにくくなった事実です。というのも、前述の通り、日本は既に貿易赤字国であり、企業の手元に輸出で稼いだ外貨が豊富にあるという状況ではなくなってきたからです。

むしろ、輸入のためのドルの手当てに熱心な企業の存在感の方が大きくなっています。ドルが多少なりとも安くなると、「割安」になったドルを買おうという動きの方が増えます。となると、キャリートレードの巻き戻しに伴う円買い圧力も緩和されます。

円を取り巻く状況がインフレ的に

やや説明が長くなりましたが、円の対内的な価値（物価）は下がりやすくなりました。対外的な価値（為替相場）も上がりにくくなり、むしろ下がりやすくなったといえます。総じて言えば、円を取り巻く状況がインフレ的になったのです。

以上、物価に上げ圧力を加える内外経済の変化について述べてきましたが、物価高圧力を生んでいるのは経済面の変化だけではありません。国際環境の変容も大きい要素です。ひとことで言えば、グローバル化の時代から分断の時代へと入ってきました。背景には、米中対立をはじめとする地政学的な緊張があります。

30年前に米国と旧ソ連の冷戦が終わり、世界はグローバル化の時代に入ったとされました。

旧ソ連や東欧といった共産圏諸国が市場経済化し、中国も国家資本主義ともいうべき体制のもとで、高い成長を続けました。国際的な経済システムに組み込まれれば、いずれ中国の政治体制も民主化するとの期待が強まりました。

企業は、世界から安価な資源を輸入したり、各国の安い労働力を使ったりしてモノを生産するグローバルなサプライチェーン（供給網）を構築しました。可能な限り、必要なときに必要なものを必要な分量だけ調達する「ジャストインタイム」と呼ばれる体制が、形成されていきました。

物価高圧力生む冷戦への回帰

しかし、そうした経済システムを最大限活用して経済力を蓄えた中国が、米国をはじめとする先進国側の期待通りに民主化することはありませんでした。権威主義的な政治体制を維持し、米国の政治・経済的な覇権に挑戦する動きを強めました。アジアにおける軍事的なプレゼンスも拡大しました。

これが米中対立を先鋭化させました。２０１７年に発足したトランプ政権のもと、関税引き上げなどの貿易戦争は激化。両国間の緊張は、次のバイデン政権でも基本的に続きました。

地政学的な緊張を生んだのは、中国の動きだけではありません。22年のロシアのウクライナ侵略、23年の中東でのイスラエルとハマスの衝突（それはイスラエルとイランの本格的な戦争に発展する恐れもありますが）といった軍事的な対立が世界に広がり、今後は、中国による台湾侵攻の可能性にも注意を払わざるを得ない状況にあります。

30年前に終わったはずの冷戦の時代に戻ったような印象です。「平和と安定」の30年が終わり、「戦争と混乱」の30年へと入ったのかもしれません。

そこでは、グローバル化時代のように安い資源、安い労働力を国際的に活用し、できるだけ低コストの製品をつくるといったやり方は通用しにくくなります。「ジャストインタイム」から「ジャストインケース」（万が一の事態に備えて一定程度の在庫を抱えておくやり方）に主流が変わると指摘されます。物価に上げ圧力がかかるのは避けられません。

なお、円が「逃避先通貨」と呼びにくくなっていることは既に述べましたが、その背景にも「米中の冷戦開始で人々が日本の地政学上の脆弱性を認識するようになったことがある」（ＢＮＰパリバ証券の河野龍太郎氏）との見方もあります。

米中対立が激しくなった結果、米国は日本と安全保障面の関係を強化しようとしています。２０２４年４月の日米首脳会談でもその点が確認されました。軍事技術面での協力も推進されそうです。「日米が軍事産業の共同化を進め、一部の兵器は双方でつくるようにすることから、日本の軍事関連産業やその他製造業企業も新しい需要を得る」（米金融情報コンサルタント会社、オブザーバトリーグループ）。地政学的な環境変化は、こうした経路も通じて日本経済にインフレ圧力をもたらしそうです。

インフレ圧力という点でもうひとつ重要なのが、地球温暖化防止に向けた脱炭素の流れです。

それ自体は意味のあることなのでしょうが、石油など化石燃料を手に入れるための投資が抑制されやすくなってきています。一方で、新たなタイプのエネルギーの開発はそうすぐには進まないでしょう。とすれば経済活動を支えるエネルギーの需給が逼迫して、価格に上昇圧力がかかります。

以上、内外の経済情勢の変化、および地政学的な国際環境の変容の双方の要因により、日本の物価情勢は新たな局面に入ってきたことを説明しました。

現時点では、日本で米欧のような大幅な物価上昇は起きそうにありませんが、少なくともデフレあるいはディスインフレの時代は終わったようです。

そこで、どのような発想の転換が必要でしょうか。

円の現預金にこだわり過ぎることのリスク

大前提としていえるのは、円という現金、円という通貨の保有にこだわり過ぎることのリスクです。円が対内的にも対外的にも価値が下がりやすくなったからです。

物価下洛が続くデフレの時代には、現金や預金の価値が減る心配はありません。現金にはもちろん金利はつきませんし、銀行にお金を預けてもわずかな金利しかつきませんでしたが、それでもモノやサービスの値段が下落していったので、相対的に現預金の価値は増したのです。

これに対して、インフレの時代には現金の価値は下がってしまいます。モノやサービスの価格が上がるからです。インフレ預金の金利は徐々に上がるでしょうが、物価上昇のペースに追いつくかには疑問があります。このようにお金の価値が目減りするリスクに対処する手段は、主に2つです。まず内外の金融資産への投資です。預金では期待できない収益を得るためです。もうひとつは、実物資産の所有です。

金融資産への投資については、長期保有や国債分散の重要性を第3章で述べましたので、実物資産の保有について述べます。

インフレ局面には、普段から一定量のモノを買っておくことが意味を持ちます。値段が上がる前に手に入れた方が得策だからです。ただし、お金よりモノの所有の方が重みを持つ理由は、インフレだけではありません。

テールリスク顕在化の時代に

今の時代は、地政学的な緊張が高まりやすいことは既に指摘しましたが、日本では、自然災害という問題もあります。いずれにせよ、テールリスクが顕在化しやすい時代に入りました。

この20年を振り返ってください。「想定外」の出来事が次々に発生しました。

１００年に１度とされる世界的金融危機（リーマン・ショック、２００８年）、１００年に１度とされる感染症の流行（新型コロナウイルス危機、20年）、さらには１０００年に１度ともいわれた大震災（東日本大震災、11年）が起きました。

16年の２つの出来事（英国の欧州連合＝ＥＵ＝離脱決定とトランプ氏の米大統領選挙での勝利）や、22年のロシアによるウクライナ侵略も、従来の「常識」では考えられなかった出来事といえます。

従来のリスク算定の常識では把握できない現象が頻繁に起き、そのたびに経済や市場が変動し、私たちの生活も大きな影響を受けてきたのです。

さらに、日本では自然災害のリスクにも引き続き要注意です。24年初めの能登半島地震は記憶に新しいところですが、政府の地震調査研究推進本部は、「南海トラフ」を震源とするマグニチュード8～9の地震の発生確率について、今後30年以内に70～80％と算定しています。

企業だけでなく家計もジャストインケースに

前述の通り、インフレの時代の企業経営では「ジャストインケース」が意味を持ちますが、テールリスクの顕在化が増えていることも合わせれば、家計にとっても「ジャストインケース」の必要性が増します。

例えば、自然災害にあったときに、お金を持っているよりはモノを持っている方がはるかに意味を持ちます。店が営業できなくなるかもしれないからです（もちろん金融資産もすぐに換金できないかもしれません）。

水や食料など「モノ」の蓄えは重要です。食品ロスにつながる行為を避けるべきなのは言うまでもありませんが、普段から一定量を持っていることは意味を持ちます。

もちろん災害時への備えで、お金にまったく意味がないわけではありません。すべての店が営業しなくなるとは限らないからです。災害時には銀行やコンビニのＡＴＭが停電によって使えなくなるかもしれませんし、同じ理由から、電子マネーやクレジットカードといったキャッシュレスの決済手段も災害に対する脆弱性に要注意です。

普段から一定程度の額を手元に置いておくべきです。もっとも、その際の注意事項がありますす。災害時には1万円札を使おうとしても、お釣りの用意が不足する店が多いと考えられるのです。したがって、お札なら千円札、その他、百円や十円の硬貨を合わせて数万円程度に相当する分、用意しておいた方がいいでしょう。

インフレの時代も「節約」を

物価高によりモノの保有が価値を持つ時代には、できるだけ安いコストでモノを購入しようという「節約」の発想も重みを持ちます。

「節約」というと、賃金が上がらないデフレ不況の時代の発想のように思われるかもしれません。しかし、モノの値段が上がる時代も、それをいかに安く手に入れるかは問われます。

節約のノウハウについては、様々なメディアで専門家のアイデアが披露されています。ぜひ関心を持ってほしいですが、基本的に同じ商品なら安い店で買った方がいいに決まっています。ネットを駆使して価格の比較に敏感になってください。スーパーのチラシは、店のホームページで見られるケースが多くなっています。

自分への投資も立派な「資産運用」

さて、日本にインフレが訪れた要因として人手不足があると述べました。

人手不足だから、基本的に賃金は上がりやすい環境にあり、労働市場では売り手市場です。価値のある人材は余計優位に立つでしょう。

一方で、時代の変化は激しく、将来有望な成長分野も変化していきます。とすれば、常に学び続け、自らの価値を高めていく努力が重要になります。そのために欠かせないのが、自分への投資です。自らの「資産価値」を高めるためにお金を投じるという話です。

インフレの時代に現金は目減りする。したがって、投資が必要だという点は既に指摘しましたが、投資とは、金融資産に投資したり、実物資産を買ったりすることだけではありません。自分という資産に投資するのも、立派な「資産運用」です。その成果は、もちろん自らの価値が上がることです。「投資収益」は、金融商品を買った場合などに比べて高いかもしれません。

自分への投資は若い世代だけの話ではありません、中高年にとっても学び直し、いわゆるリスキリングは一段と重みを持つようになっています。先ほど述べたように、時代の変化が激しく、求められる能力も変わっていくからです。

「現金バブル」の崩壊

四半世紀にわたったデフレ、ディスインフレの時代というのは、一種のバブルの時代でした。と書くと、驚く読者も多いでしょう。デフレの時代はバブルとは無縁ではないかという印象を持つ人もいるはずです。

実は、デフレというのは、現金が必要以上に価値を持つと見なされたという面では「現金バブル」だったともいえます。

そして、いかなるバブルも永久に続くことはないように、いま「現金バブル」の時代も終わろうとしています。日銀によるマイナス金利解除をもたらした要素のひとつです。

1990年代の資産バブル崩壊は、その後の日本社会の姿を大きく変えました。では仮に「現金バブル」の崩壊が本格化した場合、今後の日本をどう変えるのでしょうか。引き続きウオッチを続けていきたいと思います。

あとがき

「パーティーが盛り上がっている最中に、お酒が入っているパンチボウルを片付けるのが私たちの仕事」。米国の中央銀行のトップを20年近くも務めたウィリアム・マーチン氏が、セントラルバンカーの仕事の本質を表現した有名な言葉です。

金融政策の効果はすぐには出ませんので、中銀はインフレ圧力が強まり過ぎる前に先手を打って金利を上げようとします。もちろん、皆パーティーをもっと続けたいと思っていますから、中銀の動きを好意的には受け止めません。だからこそ、金融緩和を終え、金利を引き上げるとき、中銀は反対にあうのが普通です。

実は、筆者の金融政策取材も利上げ開始局面で始まりました。入社2年目の1989年、澄田智総裁の時代です。後にバブルを生んだと批判された緩和政策に終止符を打つ利上げが決まったのは5月。旧大蔵省（現財務省）担当（旧日銀法時代の当時は同省が金融政策の決定に大きな影響力を持っていました）として見ていました。その後、2000年（ゼロ金利政策解除）や06年（量的緩和とゼロ金利の解除）にも、日銀は緩和政策にピリオドを打つ決定を下しました。筆者にとって、利上げ開始局面を見るのは今回が4回目となります。

過去3回とはあまりに違うのに驚きます。「お酒の入ったパンチボウルを片付ける」日銀の動きに反対が少なかったからです。それどころか、「早く片付けた方がいい」という声が経済界などから出たほどです。

それだけ、異次元の金融緩和政策に違和感を持つ人が増えていたのでしょう。

確かに、日銀は中銀としてはあまりに手を広げ過ぎていました。

例えば、短期金利だけでなく長期金利（10年物国債利回り）までコントロールするなどして、為替相場への影響力も一段と強めました。財務省が担う為替政策にも実質的に関与したという話です。

国債の利回りを操作するために巨額の国債も買い入れました。事実上、国の支出を支え、財務省や国会が担う財政政策にも実質的に関与しているという話です。

日銀は上場投資信託（ETF）も買い入れ、事実上、株価の下支えもしてきました。

もっとも、日銀が「やり過ぎた」背景には、一時はそれを支持する民意や世論もあったからでしょう。行き過ぎた日銀頼みの空気が変わってきたのだとすれば、望ましい話です。

ただし、本当に日銀頼みが終わったのかは、まだわかりません。その答えが見えるのは、今後の追加利上げ局面でしょう。仮に物価上昇圧力が強まるようなら、日銀は金利の引き上げを進めようとするでしょう。そのとき、世の中は「パンチボウルをさらに片付ける」日銀の動きを支持し続けるのでしょうか。

例えば、財政支出を増やしたい政治家や巨額の財政赤字を抱える政府は、国債の利払いを増やす利上げにいい顔をしないかもしれません。変動金利型住宅ローンを借りる人々も返済負担の増加をいい話とは受け止めにくいでしょう。

いずれも金融政策の自由度を下げ得る要素です。日銀が必要な金利引き上げをできなくなれば、長い目で見た物価の安定を損ない、経済に負の作用を及ぼす要因になりかねません。

筆者は、そうした視点も踏まえつつ、今後も日銀の金融政策と現実の経済や企業経営、マーケット、家計との関係を取材し続け、読者の知る権利に応えていきたいと考えています。

本書の執筆のベースとなったのは、数多くの現役あるいはＯＢの日銀関係者への取材です。心から御礼申し上げます。マーケットや学界で日銀ウオッチングをされている皆様からも多くのことを学ばせていただきました。

長年にわたる日銀取材や本書の執筆ができたのは、日本経済新聞社編集局や日経ＢＰの皆様のお力添えがあったからです。感謝を申し上げつつ、筆をおかせていただきます。

清水功哉 しみず・いさや

日本経済新聞編集委員。1964年生まれ、上智大学外国語学部（国際関係副専攻課程）卒業。長年、金融政策やマーケット、資産運用について取材。『日銀はこうして金融政策を決めている』『デフレ最終戦争』『緊急解説マイナス金利』『植田日銀　こう動く・こう変わる』など著書多数。日本証券アナリスト協会認定アナリスト（CMA）、日本ファイナンシャル・プランナーズ協会会員・CFP認定者。

日経プレミアシリーズ｜513

マイナス金利《きんり》解除《かいじょ》でどう変《か》わる

二〇二四年五月二四日　一刷

著者　清水功哉

発行者　中川ヒロミ

発行　株式会社日経BP
日本経済新聞出版

発売　株式会社日経BPマーケティング
〒一〇五―八三〇八
東京都港区虎ノ門四―三―一二

装幀　ベターデイズ

組版　マーリンクレイン

印刷・製本　中央精版印刷株式会社

ISBN 978-4-296-12031-4　Printed in Japan

日経プレミアシリーズ490

国費解剖

日本経済新聞社 編

9割が使途を追えないコロナ予備費、乱立する基金と塩漬けになる予算、コンサルに巨額を投じる委託事業……。財政悪化の一方で、膨張を続ける国家予算。その内実を紐解けば、莫大な政府の無駄遣いが明らかに。緻密な取材から国費のブラックボックスに迫り財政規律回復への道筋を探る大反響の日経連載を大幅加筆のうえ新書化。

日経プレミアシリーズ478

デジタル空間とどう向き合うか

鳥海不二夫・山本龍彦

見たい情報しか見なくなる。自己決定のつもりが他者決定に。「分断」や「極化」が加速——。インターネットは利便性を高める一方で、知らず知らずのうちに私たちの「健康」を蝕んでいる。計算社会科学者と憲法学者が、デジタル空間に潜むさまざまな問題点を指摘、解決への糸口を探る。

日経プレミアシリーズ496

半導体超進化論

黒田忠広

1988年に50％あった日本企業の世界シェアが今では10％。この30年間に世界の半導体は年率5％超の成長を遂げたが、日本はまったく成長できなかった。日本は何をすべきか。日本の半導体戦略をリードするキーパーソンが、新しい半導体の世界と対応策を活写。

日経プレミアシリーズ494

「低学歴国」ニッポン

日本経済新聞社 編

大学教育が普及し、教育水準が高い。そんなニッポン像はもはや幻想？——いまや知的戦闘力で他先進国に後れをとる日本。優等生は育ってもとがった才能を育てられない学校教育、〝裕福な親〟が必要条件になる難関大入試、医学部に偏る理系人材、深刻化する教員不足など、教育現場のルポからわが国が抱える構造的な問題をあぶり出す。

日経プレミアシリーズ423

子供が消えゆく国

藤波 匠

２０１９年、日本人の出生数が90万人を大きく割り込み、86万人に急減。本格的な人口減少時代に足を踏み入れたことを認識すべきだ。出生数の減少をできるだけ押しとどめ、人口減少による人手不足を逆手にとってチャンスに変える方策を、緻密なデータ分析と実地調査をもとに示す。

日経プレミアシリーズ497

中国人が日本を買う理由

中島 恵

高成長が曲がり角を迎え、コロナ禍以降は社会に息苦しさも感じる——。ここ数年、中国人が母国を見る目が変わりつつある。そして彼らは日本に目を向ける。食事、教育、文化、ビジネス、社会どんな魅力を感じるのか。豊富な取材により、多くの中国声から浮かび上がる、新しい日本論。